# 카메라 일반상식

윤정호 지음

신라 출판사

# 머 리 말

사진을 흔히 "순간을 포착하는 예술이다." 또는 "결정적인 순간을 영원히 기록하는 영상 예술이다."라고 한다. 그러나 오늘날 사진 촬영은 예술로서 뿐만 아니라 날마다 읽는 신문이나 잡지 등을 통하여 보는 생생한 현장, 아기가 성장해 가는 모습, 입학, 졸업, 결혼, 신혼 여행, 관광 여행 등 어느 때 어디에서나 볼 수 있는 광경이다. 이처럼 현대 사회 생활에 사진이 차지하는 비중이 커지면서 사진기기인 카메라도 이젠 어느 가정에서나 하나 쯤은 가지고 있을 정도로 대중화되었다.

그러나 카메라는 어디까지나 기계적인 장치로 된 도구이다. 그런 만큼 사진 촬영에 앞서 기본 원리 및 그 성능을 익히는 것은 아주 중요하고도 꼭 필요한 일임은 두 말할 필요도 없다.

일반적인 35mm 일안 리플렉스 카메라에는 노출 보정 장치, 노출 잠금 장치, 피사계 심도 확인 버튼, 필름 감도 설정 다이얼, 셔터 다이얼, 내장 노출계 등이 있다. 렌즈에는 거리맞춤 링과 조리개 링이 있고 피사계심도 확인 눈금 등이 그려져 있다. 또 렌즈 앞부분에는 필터나 렌즈 후드 등을 끼울 수 있도록 나사 홈이 패어 있다. 렌즈를 교환할 수 있게도 되어 있다.

이 모든 것들은 보다 나은 사진을 찍기 위해서는 꼭 필요한 것이다. 그러나 우리들은 이러한 촬영 보조 장치를 얼마나 이해하고 있으며 또 얼마나 이용하고 있을까? 단순히 적정 노출만을 위해 조리개와 셔터를 조작해서 찍고 있지는 않은지. 하지만, 적정 노출을 위한 조리개와 셔터 간의 조합도 여러 가지다. 피사계 심도를 고려해 찍을 때는 조리개 구멍의 크기를 염두에 두어야 하고, 움직이는 물체를 찍을 때는 셔터 속도를 고려해야 한다.

또한 지금은 우리말 사용 설명서를 갖춘 다양한 국산 카메라들이 판매되고 있지만 과거에 비정상적인 경로로 들어왔던 많은 카메라들은 사용 설명서가 없어 제대로 카메라를 익힐 기회가 없었다.

　이 책은 이 같은 현실을 감안해 여러분이 현재 가지고 있는 카메라를 보다 잘 활용할 수 있도록 카메라 기능과 작동 원리에 초점을 맞춰 기술됐다. 원리만 알고 나면 응용 문제도 척척 풀 수 있는 것처럼 카메라 역시 그 원리를 이해하는 것이 중요한 것이다.

　이 책은 또한, 표준 렌즈를 벗어나 줌 렌즈나 광각 렌즈를 사용하고 싶지는 않은가? 자동 카메라로도 35mm 일안 리플렉스 카메라와 같이 선명한 사진을 얻을 수는 없을까? 플래시 촬영이 플래시 뒷판의 복잡한 계산판 때문에 어렵게 느껴지지는 않은가? 태양을 등지고 촬영을 할 때와 태양을 바라보고 촬영을 할 때 셔터와 조리개 설정 값이 동일하지는 않은가?……' 등과 같이 기본적이면서도 꼭 알아 두어야 할 의문 사항들을 하나씩 풀어 가면서 카메라와 사진에 대한 이해의 폭을 넓혀 가도록 했다.

　이 책의 순서는 물이 위에서 아래로 흐르듯이 자연히 알기 쉽게 짜여져 있다. 촬영의 첫 단계로 중요한 '촬영 자세'에서부터 렌즈, 카메라 몸체, 플래시 등 '하드웨어'적인 부분과, '필름', '상황별 촬영법', '현상과 인화', '사진 보관'에 이르기까지 일련의 촬영 순서대로 해설해 놓음으로써 사진을 자신 있게 찍을 수 있도록 도와 주는 하나의 지침서가 되도록 했다.

윤정호

# 차  례

제1장 ● 촬영에 앞서 ································· 7

자기 카메라에 정통하라 ························· 9

촬영 자세 ······································· 10

  잡는법 ········································ 10

  호흡법 ········································ 12

촬영을 잘하기 위한 3가지 필수 조건 ·········· 12

제2장 ● 카메라의 구조 ························ 21

렌 즈 ··········································· 23

  렌즈의 구조와 역할 ·························· 23

  렌즈의 구경 ·································· 24

  렌즈의 종류 ·································· 25

  교환 렌즈 선택법 ···························· 39

  조리개 ········································ 42

  피사계심도 ·································· 44

피사계심도 눈금 ································ 46

몸 체 ··········································· 51

  몸체의 구조 ·································· 51

  셔터 ·········································· 55

  피사계심도 확인 버튼 ······················ 58

  노출 보정 장치 ······························ 59

  노출 고정 장치 ······························ 60

  내장 노출계 ·································· 62

  여러가지 측광 방식 ·························· 63

파인더 ································································ 68
**노 출** ································································ 69
　노출이란 ·························································· 69
　조리개와 셔터의 상관 관계 ······················ 70
　노출값 ······························································ 71
　조리개 우선식 카메라 ································· 73
　셔터 우선식 카메라 ····································· 74
　프로그램식 카메라 ······································· 76
**자동 카메라도 다룰 줄 알아야** ·············· 81
　고정 초점식 ···················································· 81
　자동 초점식 ···················································· 82
　자동 초점 잠금 장치의 이용 ····················· 83
**카메라의 종류** ··············································· 87
　반사식 카메라 ················································ 87
　레인지 파인더 카메라 ································· 88
　뷰 카메라 ························································ 89
　화면 크기에 따른 분류 ······························· 89

**제3장 ● 촬영 보조 기구** ····························· 93
　**삼각대** ······························································ 95
　**필 터** ······························································ 95
　**플래시** ······························································ 96
　　플래시 촬영 일반 ········································· 96
　　간접 조명 촬영 ············································· 98
　　보조광으로서의 플래시 촬영 ··················· 99
　　플래시 사용법 ··············································· 100

렌즈후드 ················································· 111
노출계 ····················································· 112
모터 드라이브 ········································· 115

**제4장 ●필    름** ································· 117
  **필름의 원리와 구조** ······················· 119
  **필름의 감도** ································· 122
  **필름의 특성** ································· 123
  **필름의 종류** ································· 124

**제5장 ●상황별 촬영법** ···················· 125

**제6장 ●현상과 인화** ······················· 149
  **현상 원리와 과정** ························· 151
    현상이란? ································· 151
    증감현상 ··································· 154
  **인화 원리와 과정** ························· 155

**제7장 ●카메라, 필름, 사진의 보관법** ············· 159

**제8장 ●부    록** ····························· 161
  **사진 용어 해설** ····························· 163
  **＊찾아보기 이럴 땐 어떻게?** ··············· 185
  **카메라 선택** ································· 188

# 제1장 촬영에 앞서

# 자기 카메라에 정통하라

카메라와 사진에 관해 초보자가 우선 당혹해 하는 것은 복잡하게 보이는 여러 가지 기계 장치와 사진에 관한 몇몇의 전문 용어 때문이다. 카메라를 처음 만졌을 때 사진 이론에 관한 기초 지식이 없으면 그 카메라의 다양한 기능은 물론, 여러 개의 조절 다이얼, 레버 때문에 당황하기가 쉽다. 또한 정확한 조작 방법을 모르고 사진을 찍었기 때문에 값싼 카메라로 아무렇게나 찍은 것보다 사진이 안 좋게 나오기도 한다. 그 카메라를 구입하기까지는 적지 않은 돈과 노력을 들였음에도 불구하고 말이다.

그러나 이러한 문제들은 카메라가 작동되는 기본 원리만 익힌다면 쉽게 해결될 수 있다. 옛날 구식 수동 카메라로부터 현재의 최첨단 전자식 카메라에 이르기까지 기본적인 작동 원리는 같다. 즉, 현재 여러분이 가지고 있는 카메라의 기능에 대하여 완전히 이해하고 있다면 다른 모든 카메라도 무리 없이 조작하고 찍을 수가 있다. 소중한 추억의 기록은 역시 사진으로 멋있게 남겨져야 한다.

구형 · 신형 · 자동 · 수동 · 기계식 · 전자식 등 어느 카메라든지 여러분이 가지고 있는 카메라를 기준으로 카메라와 사진에 관해 익혀 보도록 하자.

# 촬영 자세
## 카메라 잡는법

선명한 사진을 얻기 위해서는 무엇보다도 흔들리지 않고 찍는 촬영 자세가 중요하다. 우선 카메라를 잡는 방법부터 알아보면 일반적으로 왼손 손바닥으로 카메라를 받쳐 들면서 손가락으로 렌즈부(조리개링, 거리)를 조작한다. 오른손은 셔터버튼을 누르며 필름을 감는 조작을 한다. 셔터버튼을 누를 때에는 누르는 힘에 의해 카메라가 흔들리지 않도록 주의한다.

자동카메라의 경우, 플래시가 몸체 바로 옆에 붙어 있어 찍을

\* **일안 리플렉스 카메라 잡는법 :**

**왼손으로는 카메라를 받쳐 들면서 렌즈부를 조작하고 오른손가락으로 셔터버튼을 누른다.**

때 자칫하면 손가락으로 플래시를 가리기 쉽다. 또한 빛을 필름으로 통과시키는 렌즈와 물체를 들여다보는 파인더가 각각 따로 되어 있기 때문에 렌즈가 카메라 끈이라든지 손가락으로 가려져 있어도 파인더에는 아무 이상이 없이 잘 보여서 그냥 찍게 되므로 유의하여야 한다.

몸은 가급적 편한 자세를 가진다. 두 다리는 어깨 너비만큼 벌

**\* 자동 카메라 잡는법 :**

특히 왼손에 신경을 쓴다. 플래시, 렌즈, 거리 측정창, 노출 측정창 등을 손가락으로 가리기 쉽다. 왼손은 단지 카메라의 균형을 유지한다는 생각으로 끝 부분만을 가볍게 쥔다.

**\* 줌 렌즈 잡는법**

려 주고 양팔은 몸에 붙인다. 느린 셔터 속도를 사용할 때는 견고한 물체에 팔꿈치를 기대고 촬영을 한다. 낮은 위치에서 촬영할 경우에는 쪼그리고 앉은 자세에서 팔꿈치를 무릎 바깥 쪽에 얹고 촬영을 한다. 거리 맞추기, 노출, 구도 등이 다 좋아도 찍을 때 흔들린다면 선명한 사진이 되지 않는다. 흔들리지 않고 찍을 수 있도록 연습을 하자.

### 호흡법

흔들리지 않고 찍어야겠다고 잔뜩 긴장하면, 오히려 자신의 호흡 때문에 카메라가 흔들리지나 않을까 하는 생각을 하게 된다. 이때는 숨을 들이쉰 상태에서 반쯤 내쉰 순간 숨을 멈춘 상태에서 찍는다.

## 촬영을 잘하기 위한 3가지 필수 조건

### 첫째, 거리를 정확히 맞춘다

거리가 맞지 않는 사진은 우선 사진으로서 가치가 없다.

### 둘째, 흔들리지 않고 찍는다.

1 /30초 이하는 삼각대를 사용하거나 어떠한 견고한 물체에 의탁하여 촬영한다.

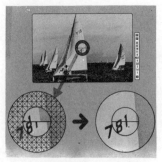

⇧ 거리를 정확히 맞춘다.

⇧ 흔들림에 주의한다.

**셋째, 필름에 빛이 알맞게 통과하도록 노출 조절을 한다.**

일단 사진이 선명해야 하기 때문에 거리를 정확히 맞추고 흔들리지 않게 찍는 것이 무엇보다 중요하다. 기본적인 세 가지 필수 조건을 항상 유념하며 촬영에 임하기 바란다. 이런 자세는 일련의 연속 동작으로 이어지기 때문에 필름이 없는 상태에서 찍는 연습을 해보자.

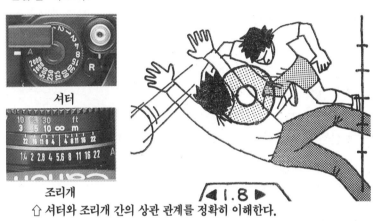

셔터

조리개                    ◀ l.8 ▶
⇧ 셔터와 조리개 간의 상관 관계를 정확히 이해한다.

### 이럴 땐 어떻게?

**카메라가 갑자기 작동하지 않는다. 셔터가 눌러지지 않는다. 노출계가 움직이지 않는다. 왜 그럴까?**

원인의 대부분은 전원부에 있으므로 초조해 하지 말고 다시 체크해 보자.

카메라가 작동하지 않는 원인의 대부분은 전지의 수명이 다된 것이다. 카메라를 사용하지 않을 때는 메인 스위치(main switch)를 꺼 두자. 액정 판넬이 표시되어 있기만 해도 전지는 소모되며 또 전지는 사용하지 않더라도 시간이 흐르면 방전이 된다.

고장이라고 생각하기 전에 먼저 전지 상태를 점검해 보고 전지를 갈아보자. 리튬전지는 급격하게 전압이 떨어지므로 갑자기 작동되지 않는 경우가 있다. 배터리(전지) 체크 기구가 있는 카메라는 촬영 전에 전원의 유무를 조사하고, 예비 전지는 만일의 사태를 위해 준비하자. 전지를 바꿔도 작동하지 않을 때는 전지를 잘못 넣었거나, 접점에 오물이 묻어 있는 경우가 많다. 접점이 더러워져 있으면 작동하지 않으므로 마른 수건으로 닦아 주자.

- 전지가 거의 소모되었다 → 교환.
- 전지의 ＋, －가 바뀌었다 → 다시 넣는다.
- 전원부의 접점이 녹 등으로 불량 → 닦아낸다.

요즘 많이 사용하는 리튬전지

## 뒷뚜껑을 열었는데 필름이 들어 있다. 필름을 조금이라도 살릴 수 있는 방법은?

재빨리 뒷뚜껑을 닫는다.

뒷뚜껑을 열었다가 필름이 보였을 때처럼 안타까운 일은 없다. 그럴 때에는 아차! 하는 순간, 뒷뚜껑을 바로 닫기만 해도 필름의 상당한 부분을 살릴 수 있으므로 필름을 바로 꺼내지 않도록 한다. 만약 햇볕 아래에서 천천히 뚜껑을 닫는다면 피해는 상당히 커진다. 햇볕에 노출된 필름은 모두 못쓰게 되므로 곧바로 뒷뚜껑을 닫았더라도 셔터를 3회 정도 누른 다음에 사용하도록 한다.

필름이 들어 있을 때 뒷뚜껑을 여는 데에는 두 가지 이유가 있다. 이미 되감았다고 착각한 경우와 필름이 들어 있지 않다고 생각하는 경우이다. 언뜻 보면 자동으로 되감기는 카메라이지만 수동으로 되감아야 할 경우도 있고, 자동카메라도 전지가 약해지면 돌아가는 도중에 멈추는 수도 있다. 뒷뚜껑을 열 때는 필름 확인 창과 필름카운터를, 되감기 크랭크가 있는 카메라는 크랭크의 움직임을 확인하는 습관을 들이면 좋다. 최신 카메라의 액정 표시는 필름 유무를 확인할 수 있으니 유의하여 보자.

⇧ 곧바로 뒷뚜껑을 닫고 셔터를 그냥 3회 누른 뒤 촬영한다.
⇨ 실수로 뒷뚜껑을 연 필름. 바로 닫았기 때문에 피해를 최소한으로 줄일 수 있었다.

**필름이 감겨져 있지 않을 때 필름을 바르게 넣는 방법, 공 셔터를 누르는 방법은?**
(공셔터란 필름을 넣은 뒤 2~3회 그냥 셔터를 누르는 것)

필름 장전 확인을 반드시 한다.

카메라는 필름을 장전한 뒤 적어도 3회 정도 셔터를 그냥 눌러 줘야 한다. 필름을 아낀다고 셔터를 한 두번 정도밖에 누르지 않는다면 맨 처음 장면이 반 정도만 찍히는 수가 있다. 또 필름을 처음 장전하고는 피사체 없이 3회 정도 공셔터를 누르는 것은 필름이 제대로 감겨져 있는지 확인하는 데에도 도움이 된다. 요즘 카메라는 대부분 액정 판넬에 필름 보내기 표시가 나오고 있으니 주의 깊게 살펴보자. 되감기 크랭크가 있는 카메라는 필름을 감았을 때 공셔터를 하여 크랭크가 회전하면 잘 감겨져 있는 것을 의미한다.

⇧ 필름을 스프라켓에 감아 넣는다.

⇩ 크랭크가 회전하면 필름은 잘 감겨져 있는 것이다.

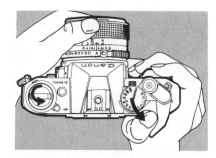

◁ 2회 공셔터를 했을 때 모습. 왼쪽 그림(상)의 흰 마크가 왼쪽 그림(하)의 스프라켓에 감겨져 들어 있어 안심이지만 만일을 위한다면 한번 더 그냥 눌러 주자.

## 바른 촬영 자세는?

양팔을 옆구리에 착 붙이고 바닥을 힘 있게 딛고 선다. 카메라와 몸에 틈을 만들지 않고 발에서 카메라까지 일체화시킨다. 오른팔 왼팔 모두 겨드랑이 아래를 벌리지 말고 그렇다고 해서 필요 이상으로 힘을 넣지 않고 카메라를 드는 것이 요령이다. 슬로우 셔터를 누를 때에는 벽에 기대든가 난간 등에 팔꿈치를 붙이는 등의 궁리를 하자.

## 적당한 스트랩 길이는?

스트랩 길이가 길면 보기도 싫으며 덜렁덜렁 흔들려서 방해가 되고 자칫하면 무엇엔가 걸리거나 부딪히기도 하기 때문에 적어도 허리보다 위에 카메라가 오도록 조정하자.

## 카메라 가방의 바른 이용 방법은?

간단한 촬영 때는 소프트 백, 중요한 촬영 때는 알루미늄 트렁크을 이용한다.

보통 간단한 기념 촬영 정도라면, 기재를 빨리 꺼낼 수 있는 가벼운 소프트 백 쪽이 편리하다. 알루미늄 트렁크는 튼튼하지만 속사성이 없다. 그러나 유사시에 밟고 올라설 수도 있기 때문에 알루미늄 트렁크는 다리 대신이 되어 주기도 한다. 그때 그때의 촬영에 맞추어 따로 따로 사용하자.

## 흐릿하게 나온 사진이나 핀트가 맞지 않은 사진을 보고 거리가 맞지 않음, 손떨림, 피사체 떨림을 구별하는 방법은?

우선 거리가 맞지 않은 사진의 화면은 반드시 피사체의 앞이나 뒤에 핀트가 맞춰져 있다. 또 카메라를 든 손이 떨리거나 움직인 화면은 어디에도 핀트가 맞은 곳이 없다. 그리고 피사체 떨림은 화면의 어딘가에 핀트가 맞은 곳이 있다.

거리가 맞지 않았을 경우는 핀트를 침착하게 확실히 맞출 것. 손떨림의 경우는 카메라의 홀딩을 확실히 할 것. 피사체 떨림의 경우는 보다 빠른 셔터스피드로 촬영하는 것이 핀트가 맞는 사진을 얻을 수 있는 요령이다.

## 아무 것도 찍혀 있지 않다. 필름이 감기지 않았었나?

필름 자동 장전 장치만 믿고 다 맡기지 마라.

필름을 바르게 세트(장전)하여 확실히 감겨져 있는지를 확인하자. 모터가 내장되어 있는 완전 자동카메라(오토 로딩식, 오토 리와인딩식)에서 자주 하는 실수 중의 하나가 이것이다. 필름을 장전할 때에는 아무리 바빠도 확실하게 천천히 해야 한다. 필름 끝 부분이 필름 마크가 있는 위치에 바르게 있는지 확인한다. 또한 느슨함이 없도록 카메라 스프라켓 기어가 퍼포레이션(필름 양쪽 가에 뚫어져 있는 구멍)에 잘 물려 있는가를 확인하고 뒷뚜껑을 닫는다. 그러나 필름이 바르게 감겨 있는데도 아무 것도 찍히지 않았다면 카메라 고장(셔터의 불량 등)이라고 생각하자.

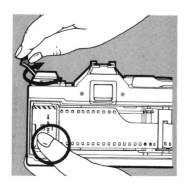

⇧ 느슨함이 없도록 한다.

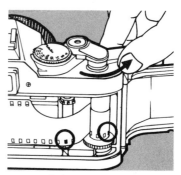

⇧ 스프라켓 기어가 필름의 퍼포레이션(필름 양쪽 구멍)에 잘 물려 있나 확인한다.

⇦ 오토로딩(필름 자동 장전) 카메라의 경우.

# 제2장 카메라의 구조

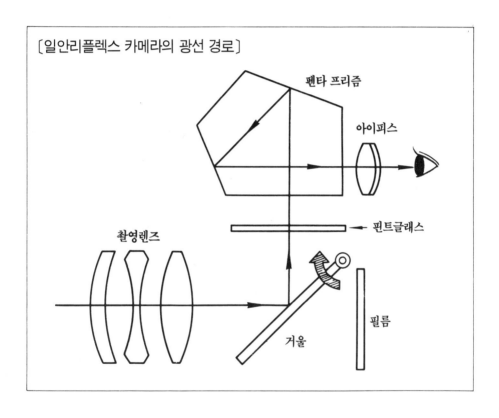

〔일안리플렉스 카메라의 광선 경로〕

펜타 프리즘

아이피스

핀트글래스

촬영렌즈

거울

필름

# 렌 즈
## 렌즈의 구조와 역할

⇧ 렌즈 단면도

 내부에 조리개가 들어 있으며 여러 장의 렌즈가 부착되어 물체의 상이 정확히 맺히도록 빛의 방향을 굴절시킨다.

 **50mm**—거리를 무한대에 맞췄을 때 렌즈의 중심부에서부터 필름면까지의 거리.

 **1:1.4**—렌즈의 유효 구경과 초점거리의 비율을 나타낸 것으로서 이 렌즈의 밝기를 나타내 주는 비율이다. 유효 구경을 1로 보았을 때 초점거리가 1.4배라는 뜻이다.

렌즈는 2가지 역할을 한다. 렌즈 경동 내부에 부착되어 있는 조리개를 통하여 필름에 도달하는 빛의 양을 조절하고, 필름에 상이 정확히 맺히도록 빛의 방향을 굴절시킨다. 카메라 메이커는 렌즈 앞에 그 렌즈에 관한 여러 가지 정보를 기록하고 있다.

렌즈의 밝기를 나타내는 비율(F값으로 표시한다)에 대해 자세히 알아보면, 비율의 오른쪽에 있는 숫자가 작을수록 밝은 렌즈이다. 초점거리에 비해 렌즈의 유효 구경의 비율이 커지기 때문이다. 렌즈는 유효 구경이 같더라도 초점거리가 짧을수록 밝고 초점거리가 길수록 어둡게 된다.

## 렌즈의 구경

렌즈의 구경이 크면 클수록(F값이 작을수록) 많은 양의 빛을 통과시킬 수 있기 때문에 큰 구경의 렌즈는 광선이 부족한 장소에서 촬영하는 데 적합하다. 대부분 표준 렌즈는 F1.4 혹은 F1.8, F2를 최대 구경으로 하고 있다. 렌즈는 밝을수록 좋다고 하나 해상력은 그와 비례하지는 않는다. 렌즈가 커진 만큼 선명도가 증가하지 않기 때문이다.

### 이럴 땐 어떻게?

---

### 망원 렌즈의 F5.6과 광각 렌즈의 F5.6은 같은가?

---

이 F값은 "초점거리 /렌즈의 유효 구경"이기 때문에 초점거리가 긴 망원 렌즈의 구경이 훨씬 크다.

초점거리 /구경=5.6 즉, 구경=초점거리 /5.6에서 분모(F5.6)가 같은 상황에서 분자(초점거리)가 커질수록 렌즈 구경이 크므로 초점거리가 짧은 광각 렌즈보다 초점거리가 긴 망원 렌즈의 구경이 큰 것이다.

**노출계로 측정한 조리개값이 F5. 6과 F8의 중간 지점이었을 때 조리개의 숫자 표시는 F5. 6과 F8 사이에 없는데 어떻게 해야 하나?**

노출계의 지시가 F값의 중간을 가리키고 있을 때는 조리개도 같이 중간으로 세트하면 된다. 카메라에 따라서 중간에 클릭이 있는 것도 있다.

### 렌즈의 종류

렌즈의 종류는 초점거리에 따라 나뉘어진다. 초점거리란 렌즈의 거리를 무한대에 맞추었을 때 렌즈의 중심에서부터 필름면까지의 거리를 말한다. 초점거리는 촬영 각도와 밀접한 관계가 있다. 촬영각도는 화각이라고 하는데 초점거리가 짧을수록 넓어지고 초점거리가 길수록 좁아진다.

같은 장소에서도 초점거리가 다른 렌즈를 사용하면 화면도 당연히 달라진다. 초점거리가 짧은 렌즈일수록 멀리 있는 것은 작게, 가까이 있는 것은 크게 찍혀 거리감(원근감)이 강조된다. 반대로 초점거리가 긴 렌즈일수록 찍는 범위가 좁아지고 거리감이 줄어든 묘사를 한다.

이번에는 초점거리가 각각 다른 렌즈를 사용해서 피사체를 같은 크기로 찍어 보자. 초점거리가 각각 다른 렌즈로 피사체를 똑같은 크기로 표현하기 위해서는 초점거리가 짧은 렌즈(단초점 렌즈)는 피사체에 가깝게 접근해서 찍어야 하고, 초점거리가 긴 렌즈(장초점 렌즈)인 경우는 피사체에서 멀리 떨어져서 찍어야 한다.

단초점 렌즈로 가까이 접근했을 경우 카메라에서부터 피사체까지의 거리와 피사체 앞과 뒤에 있는 물체와의 거리의 비율이 커지므로 피사체 앞뒤에 있는 물체의 크기는 실제 크기보다 상당한 차이가 있다. 즉 앞의 물체는 실제보다 크게, 뒤의 물체는 실제보다 작게 표현된다.

반대로 장초점 렌즈로 똑같은 크기로 표현하려고 멀리 떨어져서 찍으면, 그 피사체와 그 앞뒤에 있는 물체와 카메라로부터의 거리 변화가 크지 않기 때문에 피사체의 앞뒤에 있는 물체 크기는 그렇게 큰 변화가 없다.

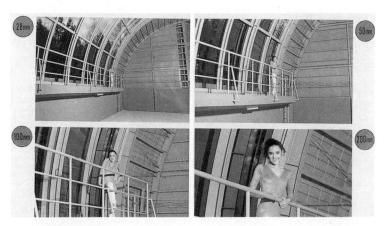

⇧ **초점거리와 화각.**

똑같은 거리에서 초점거리가 다른 렌즈로 촬영한 결과. 초점거리가 길수록 촬영 각도는 좁아진다.

⇩ **초점거리가 다른 여러 가지 렌즈로 똑같은 장면을 촬영한 결과.**

어안, 초광각, 광각, 표준, 망원, 초망원 렌즈로 촬영하였다. 화각, 원근감, 왜곡, 심도 등 각 렌즈가 주는 효과를 생각해 보자.

7.5 mm 15 mm 17 mm
20 mm 24 mm 28 mm
35 mm 50 mm 85 mm
100 mm 135 mm 200 mm
300 mm 400 mm 500 mm
600 mm 800 mm

## 표준 렌즈

35mm 필름의 한 화면 크기는 세로 24mm, 가로 36mm이며 대각선의 길이는 43mm이다. 이 대각선의 길이와 같은 지름(구경)의 렌즈를 사용할 때, 우리가 바라다보는 사물의 실상과 가장 비슷하게 보인다고 한다. 따라서 43mm와 유사한 초점거리를 가진 렌즈를 표준 렌즈라고 한다. 표준 렌즈의 촬영 각도[약 50°]는 사람의 시야와 비슷하여 자연스런 영상을 표현하는 데 적합하다. 따라서 대부분의 메이커는 제품 발매시 이 표준 렌즈를 부착한다. 이 렌즈는 초점거리가 50mm 내외이며 최대 조리개값은 F2~1.4이다. 렌즈가 밝기 때문에 빛의 양이 부족한 조금 어두운 곳에서도 촬영하기에 적합하며 해상력도 뛰어나다. 또한 렌즈의 크기가 작아 다루기도 편리하다. 일반적인 촬영에 가장 적합한 렌즈라 할 수 있다.

⇧ 초점거리가 **50mm**인 표준 렌즈

⬆ 표준 렌즈로 찍은 사진(1/125초, F5.6)

## 광각 렌즈

표준 렌즈보다 초점거리가 짧은 렌즈를 광각 렌즈라 한다. 이 렌즈는 표준 렌즈보다 더 넓은 각도(약 60~80°)를 촬영할 수 있으므로 좁은 실내 공간에서 많은 사람을 촬영할 때나 광활한 풍경 사진에 적합하다. 또한 초점거리가 짧아 피사계심도가 깊으므로 같은 밝기의 표준 렌즈보다도 피사체 및 대상을 선명하게 찍을 수 있다. 초점거리가 짧을수록 원근감이 과장되게 표현되어 근접 촬영시 피사체가 과장되기도 하는데 일부러 이런 효과를 노려서 촬영할 때도 있다. 광각 렌즈는 퍼스펙티브 효과(perspective : 원근감 강조), 팬 포커스 효과(pan focus : 깊은 피사계심도), 디스토션 효과(distortion : 화상의 일그러짐)가 있다.

표준 렌즈에 가장 가까운 화각을 지닌 35mm 렌즈는 원근감의 과장이 적어서 광각 렌즈 중에서 가장 자연스런 묘사를 얻을 수 있다. 그러면서도 조리개를 조이면 피사계심도가 깊어지므로 일반적인 스냅 촬영에 알맞은 렌즈이다.

　35mm렌즈에 비해 화각이 넓고 피사계심도가 깊어 원근감을 더욱 강조하는 28mm 광각 렌즈는 실내, 풍경, 움직임 있는 장면의 스냅, 독특한 인물 사진 등 사진 촬영의 모든 분야에 사용할 수 있는 대표적인 광각 렌즈이다.

◁ 광각 렌즈의 효과.

　다음 4장의 사진은 서로 초점거리가 다른 렌즈로 찍었으나 인물의 크기가 모두 같아 보이도록 렌즈에 따라 거리를 이동해 가면서 찍은 것이다. 광각 렌즈로 찍은 사진은 원근감이 강조되며(퍼스펙티브 효과), 또한 심도가 깊다(팬 포커스 효과).

⇧ 좁은 실내라도 문제없이 찍을 수 있다.

⇧ **광각 렌즈로 찍은 사진.**
**넓은 각도를 촬영할 수 있으며, 원근감이 잘 나타나 있다.**

## 망원 렌즈

표준 렌즈보다 초점거리가 긴 렌즈이다. 먼 곳의 물체를 가깝게 찍을 수 있다. 초점거리가 긴 렌즈일수록 촬영 각도가 좁아지고 찍히는 대상 사이와 거리가 좁혀져서(원근감이 줄어듦) 찍힌다. 화각이 좁으므로 주제를 강조(클로즈업)하여 촬영할 수 있다. 망원 렌즈의 좁은 화각은 꼭 필요한 부분만 포착하고 불필요한 부분은 화면 밖으로 벗어나게 하며, 또 얕은 피사계심도는 필요한 부분만 강조하고 불필요한 부분은 흐리게 생략함으로써 손쉽게 화면을 정리할 수 있는 이점을 가지고 있다.

주의할 것은 초점거리가 길수록 피사계심도가 얕아지므로 거리를 정확히 맞춰 주지 않으면 선명한 사진을 얻을 수 없다. 또한

렌즈가 무겁기 때문에 흔들리기 쉬우므로 빠른 셔터 속도로 촬영
해야 한다. 일반적으로 렌즈의 초점거리보다 빠른 셔터 속도로
촬영한다. 즉, 200mm 초점거리의 망원 렌즈로 찍을 경우
1/200초 이상 빠른 셔터 속도를 사용해야 흔들림 없이 찍을 수

⇧ **500mm 초망원 렌즈로 찍은 사진
(1/15초, F 8, ISO200).**

⇧ **200mm(F 4) 망원 렌즈와 렌즈 구조**

⇧ **100mm 망원 렌즈로 찍은 사진(1/250초, F 5. 6).**
　**―먼 곳의 물체를 가깝게 찍을 수 있으며 화각이 좁아 주제를 강조할 수 있다**

있다.

85mm, 100mm, 105mm 렌즈는 중망원 렌즈라고도 하는데 인간의 주의력이 집중하는 화면을 가장 알맞게 포착해 준다. 중망원 렌즈를 인물 사진용 렌즈라고 부르는 것도 사진 표현상 위화감이 없는 자연스러운 느낌이 전해지기 때문이다. 이 렌즈는 개방 조리개값이 밝고, 피사계심도가 얕으며 적당한 망원 효과를 낼 수 있어 무대 촬영, 야경, 포트레이트(초상화), 풍경, 스냅, 스포츠 장면 등 다방면에 걸쳐서 애용되는 렌즈이다.

망원 렌즈의 표준이라고도 하는 200mm 망원 렌즈는 렌즈의 화각이 약 12도인데 표준 렌즈의 1/16에 해당하는 화면 면적만이 찍힌다. 화각, 원근감 과장, 아웃 오브 포커스의 어느 요소에서도 일상적인 시야를 훨씬 뛰어넘어 본격적인 망원 사진의 영상 세계를 묘사해 보여 준다.

## 줌 렌즈

줌 렌즈는 렌즈의 초점거리를 변환시킬 수 있다. 표준보다 초점거리가 짧은 광각에서부터 표준보다 초점거리가 긴 망원까지 초점거리를 자유자재로 변화시켜 가며 촬영할 수 있는 렌즈이다. 따라서 렌즈를 교환해야만 하는 번거로움 없이 피사체를 클로즈업하거나 작게 해 자유자재로 구도를 결정할 수 있다. 가장 많이 쓰이는 35~70mm 줌 렌즈는 모양과 무게가 표준 렌즈와 비슷하며 기록 사진, 스냅 사진, 풍경 사진, 인물 사진 등 촬영 영역이 넓고 광각과 망원계 사진을 쉽게 즐길 수 있다. 인물 사진의 경우 35mm쪽으로 상황을 넓게 잡은 전신상을, 70mm쪽으로 주제를 클로즈업해 볼 수 있다. 다만 편리성에 물들어 주밍(zooming : 자유자재로 크고 작은 화면을 만드는 일)에 너무 의존하지 않도록 하자.

35mm와 70mm는 피사계심도가 다르고 묘사의 특성도 다르므로 피사체와 촬영 의도에 맞추어서 먼저 초점거리를 선택하고 미리 조리개값과 대략적인 거리를 세트해 놓고 적당한 위치까지 몸을 움직여 재빠르게 초점을 맞춰서 찍도록 한다.

⇧ 다양한 초점거리를 갖고 있는 줌 렌즈.

Ⓐ 20 −35mm F3.5L    Ⓑ 28 −55mm F3.5 −4.5,    Ⓒ 28 −85mm F4

Ⓓ 35 −70mm F3.5 −4.5   Ⓔ 35 −105mm F3.5 −4.5   Ⓕ 50 −300mm F4.5L

Ⓖ 75 −200mm F4.5    Ⓗ 80 −200mm F4L    Ⓘ 85 −300mm F4.5

Ⓙ 100 −300mm F5.6    100 −300mm F5.6L    Ⓚ 150 −600mm F5.6L

  인물 사진을 찍을 때는 85~105mm 정도의 초점거리를 갖고
있는 렌즈가 적합하다. 이것은 찍을 때 인물과의 거리를 고려한
것으로써 표준 렌즈는 인물에 가깝게 접근해야 하고 망원 렌즈는
근거리 핀트맞추기가 힘들뿐만 아니라 멀리 떨어져 찍어야 하지
만, 85~105mm 정도의 렌즈는 인물과 마주했을 때 적당한 거리
감과 배경을 자유자재로 구사할 수 있어 인물을 적절하게 강조할
수 있기 때문이다.

  렌즈로 초점거리와 거리를 맞출 때는 두 가지 방법이 있는데
하나는 원 터치(one touch) 방식으로 초점거리와 거리를 하나
의 조작 링으로 동시에 맞추는 것이고, 또 하나는 투 터치(two
touch) 방식으로 초점거리를 맞추는 링과 거리를 맞추는 링이
따로 있어 일단 거리를 맞춰 놓으면 초점거리를 변환시켜도 맞춰
놓은 거리는 변하지 않는다.

  줌 렌즈만이 표현할 수 있는 촬영 기법으로 주밍 기법이 있다.
이 방법은 카메라를 삼각대에 고정시키고 셔터버튼을 누르는 순
간 초점거리를 변환시켜 줌으로써 피사체에 시선을 집중시켜 환
상적인 효과를 얻을 수 있는 기법이다.

◁ 렌즈가 크고 무거운 망원 렌즈나
줌 렌즈는 흔들리지 않게 찍는 것이
무엇보다도 중요하다.

## 마이크로 렌즈

가까운 거리에 대한 수차보정이 잘 되어 있어 접사시에 해상력이 뛰어난 렌즈이다. 꽃이나 곤충과 같은 작은 물체를 촬영할 때 사용되는 렌즈(접사 렌즈)로서 피사체에 아주 가깝게 접근하여 찍을 수 있지만 심도는 극도로 얇아지며 거리를 최대한 정확하게 맞추어야 선명한 사진을 얻을 수 있다. 매크로(MACRO) 렌즈라고도 한다.

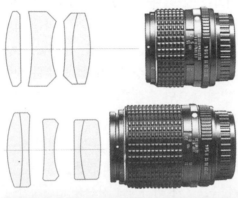

◁ 마이크로 렌즈와 렌즈의 배열 상태

위는 50mm F4, 아래는 100mm F4렌즈이다.

⇧ 50mm 마이크로 렌즈로 찍은 곤충 사진.  1/30초, F5.6, ISO64

⇨ **35mm마이크로 렌즈,1/8초, F8, ISO64**

## 어안 렌즈

광각 렌즈보다 초점거리가 짧은 렌즈로서 사물을 왜곡시켜 표현할 수 있다. 직선이 곡선으로 표현되며 원근감이 과장되어 나타난다. 이 렌즈는 피사계심도가 깊어 정확한 거리를 맞추지 않아도 근경 및 원경이 선명하다.

⇩ **17mm F4
어안 렌즈.**

—사물을 심하게 왜곡시킨다 (디스토션 효과).

어안 렌즈를 제대로 이용하는 요령은 화면 전체를 피사체로 채우듯이 작화하면 된다. 그러나 파인더 안에서는 전체적으로 축소된 영상이 보이므로 불필요한 공간이 있어도 눈에 거슬리지 않고 지나치는 경우가 많은데, 확대 프린트했을 때는 그 공간이 두드러지게 나타나므로 불필요한 공간 처리도 미리 생각해야 한다. 파인더를 들여다봤을 때의 재미만으로 경솔하게 셔터를 누르지 말아야 한다. 대상에 가급적 접근해서 원근감의 과장이나 변형을 더욱 강조하는 방법도 좋다. 이 경우에는 되도록 작은 조리개를 사용해서 팬 포커스로 화면 전체를 선명하게 표현하도록 하자.

⇧ **7.5mm 어안 렌즈로 찍은 사진.** 8초, F/5.6, ISO64, 화각이 180도이다.

**\* 소프트포커스 렌즈**

환상적인 분위기의 사진이 된다.
85mm, 1/1000, F2. 8, ISO64

## 교환 렌즈 선택법

35mm 일안 리플렉스 카메라를 구입하면 대개의 경우 50mm 전후의 표준 렌즈가 부착되어 있다. 그러나 실제로 촬영하다 보면 표준 렌즈만으로는 뭔가 부족하다는 느낌을 갖게 된다. 이럴 경우에는 일반 렌즈나 줌 렌즈 사용도 생각해 보자.

렌즈는 밝은 것이 반드시 좋은 것은 아니다.

일반 렌즈와 줌 렌즈를 비교했을 때, 일반 렌즈가 대체로 밝은 것이 많고 줌 렌즈는 대부분 어둡기 때문에 줌 렌즈가 묘사력이 뒤떨어질 것이라는 착각에 빠지기 쉬운데, 사실은 렌즈의 밝기보다 카메라 떨림이라는 기본적인 조작에 그 원인이 있다. 줌 렌즈는 일반 렌즈보다 무겁고 또 순간적으로 화각을 자유롭게 바꿀 수 있으므로 편리성만을 생각한 나머지 카메라홀딩이 소홀해지기 쉽기 때문이다.

렌즈의 밝기는 F값으로 나타내는데 F값이 작을수록 밝은 렌즈이다. 예를 들면 F2보다 F1.7이 밝고 F1.7보다 F1.4가 밝은 렌즈이다. 이보다 더 밝은 F1.2도 있다. 똑같은 50mm 렌즈라도 F1.2, F1.4, F1.7, F2 등 밝기가 다른 것들이 있고 밝은 렌즈일수록 값이 비싸다. 일반적인 촬영에는 F1.4나 F1.7이 보통 쓰인다. F1.2와 같은 아주 밝은 렌즈는 그러한 렌즈에 맞는 촬영 기법을 구사할 때에만 그 진가를 발휘하게 된다. 즉, 밝기를 자랑하는 F1.2의 렌즈는 조리개를 조이지 않고 개방 조리개를 활용하는 촬영 목적에 값어치가 있는 것이다.

일반 렌즈 1개만 선택할 경우 50mm렌즈를 선택하는 것이 일반적이다. 그러나 꽃이나 곤충 등 비교적 피사체에 가깝게 접근해서 찍을 목적이라면 같은 50mm렌즈라도 매크로 렌즈를 선택하는 것이 좋다. 50mm의 일반 렌즈와 다른 점은 F값이 3.5정도로 어둡다는 점과 피사계심도에서 벗어난 부분의 흐림(out of focus) 묘사가 다소 메마른 느낌을 준다는 것 뿐이다.

다음으로는 스냅이나 파티 등의 기록, 건물 촬영 등에는 35mm 광각 렌즈 1개, 인물 사진이나 증명 사진, 거리의 스냅, 상품 사진 등의 촬영에는 85mm(길어도 100mm까지)가 알맞다. 이처럼 50mm, 80mm, 35mm의 3개가 교환 렌즈 시스템으로 구색을 갖추는 첫걸음이다. 이 기본 렌즈들을 충분히 연습한 다음에 광각은 28, 24, 20mm의 순서로, 망원도 135, 150, 200, 300mm의 순서를 밟아 나가는 것이 좋다.

줌 렌즈의 매력은 렌즈 1개가 일반 렌즈 몇 개와 같은 효과를 나타낼 뿐만 아니라 렌즈를 교환하지 않고도 일안 리플렉스의 파인더를 들여다보면서 화각을 연속적으로 자유롭게 변화시킬 수 있다는 것이다. 흔히 줌 렌즈는 선예도(샤프니스)가 염려된다고 생각하겠지만 오늘날의 줌 렌즈는 성능이 뛰어나 조금도 염려할 필요가 없다. 물론 줌 렌즈와 일반 렌즈를 비교했을 때 같은 초점거리의 렌즈라면 일반 렌즈가 F값이 보다 밝고, 또 작고 가벼워서 기동력이 있으며, 줌 렌즈에 비해 값이 싸다는 이점도 있다.

줌 렌즈 1개로 여러 부문의 촬영에 적합한 만능 타입으로 사용하려면 매크로 방식 겸용의 35～70mm줌이나 40～80mm줌 등의 표준계 줌이 좋다. 광각계를 주로 사용하려면 28(또는24)～50mm 줌을, 망원계를 주로 사용한다면 45～125mm줌을 선택한다. 줌 렌즈 2개로 시스템을 갖추고 싶다면 28～50mm줌과 80～200mm줌이면 일반적인 촬영에 큰 어려움이 없을 것이다.

줌의 비율은 큰 것(3배 이상)과 작은 것(2배 정도) 중 작은 것이 낫다. 줌의 비율이 큰 것은 렌즈 경통이 길게 되고 같은 밝기라도 사이즈가 크게 된다. 그리고 줌 렌즈의 짧은 초점거리 쪽에서 핸디촬영으로 스냅 등을 찍고 싶을 때에도 장초점 쪽의 카메라 떨림에 항상 주의를 해야 하는 불편함이 있다.

예를 들어 24mm광각으로 찍고자 할 때, 만약 24~300m 줌 렌즈가 있다고 하면 24mm로 찍으면서도 300mm의 카메라 떨림에 주의하지 않으면 좋은 사진을 얻는 데 실패한다. 이런 이유로 줌 비율은 2~3배 정도를 한계로 삼는 것이 성능면으로 보아 무난하다.

## 이럴 땐 어떻게?

> **렌즈에 티끌이나 먼지, 지문이 묻어 있을 때 사진에 미치는 영향은? 그리고 청소 방법은?**

지문은 곧 닦아내지 않으면 렌즈를 망친다.

렌즈에 티끌이나 먼지가 붙어 있으면 화상이 선명하지 않다. 물방울이나 눈 등이 묻어 있는 경우도 마찬가지이다. 지문으로 소프트포커스와 같은 희미한 플레어가 생긴다. 더구나 지문이 바로 생긴 것이라면 닦아낼 수도 있지만 시간이 지나면 코팅을 손상시키므로 필사적으로 문질러도 지워지지 않는다. 또한 지문은 기름이기 때문에 곰팡이가 생기는 원인이 되기도 한다. 따라서 더러워진 렌즈는 가능한 한 빨리 닦아주는 것이 좋다. 먼지나 모래 등이 묻어 있어도 렌즈를 상하게 하는 원인이 되므로 우선은 블로어로 잘 털어내고, 그 다음은 렌즈 클리너액을 클리닝 페이퍼에 조금 적셔서 렌즈의 중앙에서부터 바깥쪽으로 회전시켜가면서 닦아낸다. 닦는 요령은 페이퍼 한 장으로 계속 닦으려고 하지 말고 조금이라도 더러워지면 곧바로 새 것으로 바꿔가면서 닦아준다.

세무로 렌즈를 강하게 닦으면 코팅을 상하게 하는 수도 있으니 주의하고, 티슈 페이퍼로 문지르는 것 또한 좋은 방법이 아니다. 뒷부분에 있는 렌즈도 화질에 큰 영향을 주므로 티끌같은 것이 들어가지 않도록 주의하자. 렌즈 보호를 위해 스카이라이트 필터나 UV 필터를 사용하는 것도 좋은 한 방법이다.

## 렌즈를 분해 청소했더니 망가졌다. 어떻게 하면 좋은가?

카메라에 비하면 렌즈의 구조가 간단하다고 하지만 분해 청소할 수 있을 정도로 쉽지는 않다. 조립 도중에는 광축의 조정 등 어려운 부분이 있다. 서비스센터에 들고갈 수밖에 없지만 떼어 낸 렌즈는 흠집이 나지 않도록 다른 부품과 별도로 유의하여 보관하자.

### 조리개

조리개는 필름으로 통과하는 빛의 양을 조절하는 장치이다. 조리개는 렌즈에 내장되어 있으며, 렌즈 몸통에 붙어 있는 조리개링으로 빛이 통과하는 구멍의 크기를 조절하며, 또한 피사계심도를 변경시켜 얕게 또는 깊게 할 수 있는데, 조리개를 조일수록 피사계심도가 깊어지고 열면 열수록 얕아진다.

⇨ 렌즈부 명칭

포커싱링

조리개링

거리색인

AE잠금핀

'A'마크

조리개링에는 다음과 같은 숫자들이 새겨져 있다.

1.4, 2, 2.8, 4, 5.6, 8, 11, 16, 22

이 조리개값들은 조리개의 직경과 렌즈의 초점거리(렌즈의 중심에서 필름면까지의 거리) 사이의 관계를 말한다. 예를 들면 조리개값 5.6은 조리개의 직경이 렌즈 초점거리의 1/5.6이라는 뜻이다.

카메라에서 렌즈를 분리해 낸 다음에 렌즈를 들여다보면서 조리개링을 좌우로 돌려 보자. 조리개링을 돌리는 데에 따라 렌즈의 구멍이 작아졌다, 커졌다하는 것을 볼 수 있다. 그 구멍의 크기와 조리개의 숫자를 연관시켜 다시 한번 살펴보면 숫자가 작을수록 조리개의 구멍이 커지고(분수에서 분모가 작으니까 숫자는 상대적으로 크다. 예 : 1/1.4) 숫자가 클수록 조리개의 구멍이 작아진다는 것을 알 수 있다(예 : 1/22).

다시 말하면, 조리개의 숫자(조리개값)가 클수록 렌즈를 통과하는 빛의 양이 적어지고, 숫자가 작을수록 렌즈를 통과하는 빛의 양은 많아진다. 찍어야 할 대상이나 풍경이 어두우면 필름에 빛을 많이 통과시키기 위해 조리개를 열어 주어야 하며 대상이 밝으면 필름에 통과하는 빛의 양을 줄이기 위해 조리개를 조여야 한다. 평상시 조리개는 설정된 조리개값과 상관없이 개방 상태이다. 셔터버튼을 누를 때에만 설정된 조리개값만큼 오므라들면서 필름에 빛을 통과시킨다. 만약 찍기 전에 설정된 조리개값으로 오므라들었을 경우, 파인더 내의 화면이 어두워져 피사체를 잘 관측할 수 없기 때문이다.

조리개값은 찍고자 하는 대상만 선명하게 찍을 것인가, 아니면 대상과 배경 모두 선명하게 찍을 것인가를 결정짓는다. 같은 대상과 배경일지라도 조리개값을 1.4로 하여 찍은 사진과 조리개값을 16으로 하여 찍은 사진은 많은 차이가 난다. 앞의 경우는 거리를 맞춘 대상만 선명하고 그 대상에서 멀어질수록(앞과 뒤로) 조금씩 흐려 보이는 반면, 뒤의 경우는 거리를 맞춘 대상과 배경 모두가 선명하게 나타난다.

⇧ 조리개값에 따른 조리개 구멍 크기

## 피사계심도(초점심도)

### 조리개와 피사계심도(depth of field)

피사계심도는 사진에서 초점을 맞춘 피사체의 앞뒤가 선명하게 나타나는 범위를 말한다. "피사계심도가 깊다, 얕다" 등으로 표현할 수 있는데 피사계심도가 깊다는 것은 화면의 앞쪽 것에서부터 안쪽의 것까지, 즉 초점을 맞춘 대상과 배경까지 선명하게 찍힌 경우를 말하고, 심도가 얕다는 것은 초점을 맞춘 대상만 선명하고 대상 앞뒤의 배경이나 물체는 흐리게 찍힌 경우를 말한다.

피사계심도는 조리개 구경을 작게 함으로써 깊어진다. 사진을 찍기 전에 피사계심도를 알 수 있는 방법은 카메라에 부착된 피사계심도 확인 버튼을 이용하는 것이다. 렌즈를 교환할 수 있는 거의 모든 카메라는 이 버튼이 부착되어 있지만 대부분의 카메라

소유자는 이 버튼을 별로 사용하고 있지 않는 것 같다. 이 버튼으로 여러 가지 조리개값에 따른 심도의 변화를 확인해 보자.

⇧ 캐논F-1 카메라와 피사계심도 확인 버튼

⇦ 캐논AE-1 프로그램 카메라와 피사계심도 확인 레버

　피사계심도 확인 버튼을 누르면 조리개는 조리개링으로 조절한 값으로 조여진다. 이 버튼을 누르고 조리개링을 좌우로 돌려 보면 조리개가 좁혀지거나 넓혀지면서 구멍이 작아졌다, 커졌다 하는 모습을 볼 수 있으며, 구멍의 크기에 따라 파인더의 밝기도 달라진다.

카메라를 꺼내 놓고 실습 해보자. 우선 일정한 거리의 물체에 초점을 맞춘다. 그리고 피사계심도 확인 버튼을 누르고 조리개를 F16에서 F1.4방향으로 돌려 본다. F16의 위치에서는 조리개가 최소치로 줄어들었기 때문에 파인더 내의 화면은 어두워지지만 거리를 맞춘 대상과 그 앞뒤의 배경 모두 선명해지는 것을 알 수 있다. 같은 렌즈라도 조리개를 작게 하면 심도가 깊어지고, 조리

⇧ 조리개값에 따른 심도 비교

개를 열면 얕아진다. 즉, F1.4 방향으로 갈수록 조리개는 더욱 개방되어 화면은 밝지만 거리를 맞춘 물체를 제외한 앞뒤의 배경은 흐려진다. 이 피사계심도 확인 버튼의 조작으로 사진의 심도를 미리 볼 수 있다. 인물을 강조하고 싶으면 주위의 배경을 흐리게 찍는 것이 좋을 것이며 또한 멋진 풍경 사진을 찍으려면 근경, 원경 모두 선명하게 찍으면 될 것이다.

# 피사계심도 눈금

심도를 확인할 수 있는 또 다른 방법이 있다. 렌즈의 둘레를 보면 거리 눈금과 조리개 눈금을 잇는 선인 지표의 양쪽에 4, 8, 11, 16, 22라는 숫자가 좌우 대칭으로 새겨져 있는데 이것이 피사계심도 눈금이다.

이 눈금은 다음과 같이 이용한다. 예를 들어 놀이터에서 따로따로 놀고 있는 3명의 아이의 모습을 한 화면에 담고자 할 때, 3m 거리에 있는 가운데의 아이에게 초점을 맞추고 조리개 F4를 선택했다고 하자.

조리개 눈금과 같은 4의 숫자를 피사계심도 눈금에서 보고 거리 눈금을 따져 보면 3m 전후의 범위를 가리키고 있다. 이것

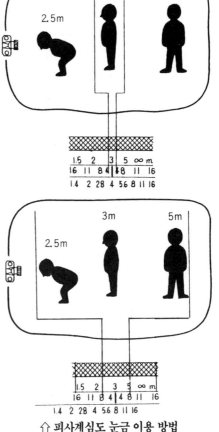

↑ 피사계심도 눈금 이용 방법

은 이 조리개값으로는 3명 모두가 초점이 맞지 않게 된다는 사실을 말하는 것이다. 그래서 이런 실패를 하지 않도록 처음부터 먼저 피사계심도 눈금을 보면서 조리개값을 정하면 되는 것이다.

3m의 아이에게 초점을 맞춘 상태에서 피사계심도 눈금이 8이라면 앞의 2.5m부터 뒤의 5m까지의 범위에 초점이 맞았음을 알 수 있다. 그러므로 조리개값을 F8로 하면 3명 모두 초점이 맞아 선명한 화면을 얻을 수 있다.

　이동하는 물체에 대해서도 이 피사계심도 눈금을 이용해 조리개값을 적절히 설정해 놓고 촬영하면, 이동하는 물체에 초점을 정확하게 맞추지 않더라도 선명한 사진을 얻을 수 있다.

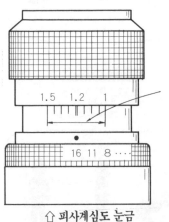

⇧ 피사계심도 눈금　　　　　⇧ 줌 렌즈의 피사계심도 눈금

⇧ 렌즈와 피사체와의 거리가 동일하다면 초점거리가 짧은 렌즈의 피사계심도가 깊다. 50mm F1.4렌즈와 28mm F2.8렌즈(우측)를 비교해 보자. 조리개값이 8일때 초점이 맞는 범위는 50mm렌즈는 대략 2.4-4.5m이고　28mm렌즈는 1.5m-무한대까지이다.

◁ 촬영 포인트를 결정하고 거
리를 미리 맞춘 후 기다린다.

## ⇧ 초점거리가 다른 렌즈의 심도 비교

좌측의 사진들은 **28mm, 50mm, 135mm**의 렌즈로 같은 거리에서 같은 조리 개값으로 촬영한 것이다. 피사계심도를 비교해 보기 위해서 **28mm, 50mm**로 찍은 사진을 **135mm**로 찍은 사진과 같은 크기가 되도록 확대해 보았다. 피사계 심도를 비교해 보자.

## 피사계심도 정리

피사계심도는 아래와 같은 조건에서 영향을 받는다.

- 조리개의 크기(초점거리가 같은 렌즈와 피사체의 거리가 같
  을 때)

  조리개의 구멍이 작을 때 : 심도는 깊다.

  조리개의 구멍이 클 때 : 심도는 얕다.

- 초점거리(조리개의 크기 및 피사체와의 거리가 같을 때)

  초점거리가 길 때(망원 렌즈) : 얕다

  초점거리가 짧을 때(광각 렌즈) : 깊다

- 피사체와 카메라와의 거리(렌즈의 초점거리가 같고 조리개
  의 크기가 같을 때)

  가깝다 : 얕다

  멀다 : 깊다

## 적외선 마크

심도 마크의 아주 가까운 곳에 빨간 점이 있는데 이것은 적외 선필름으로 촬영을 할 때 초점의 위치가 달라지는 것을 보정하는 것이다. 사진은 보통 가시광으로 촬영하는 것인데 가시광이 아닌 적외선은 파장이 길어 초점이 맞는 위치가 약간 달라지므로 이를 수동으로 보정해 주는 것이 이 적외선 마크이다.

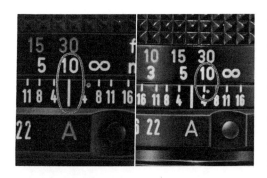

◁ **적외선 마크**

파인더를 들여다보고 측정한 거리가 10m라면(왼쪽 사진), 이 10m 거리눈금을 적외선 마크에 다시 맞춰 찍는다 (오른쪽 사진).

# 몸 체
## 몸체의 구조

\* 몸체의 구조 (앞)

손잡이

셀프타이머/
잠금 레버

자동 노출 세트 핀

PC소켓

필름 되감기 노브

Canon

F-1

심도 확인 버튼

밧데리 체크 버튼

필름 되감기 레버

필름감기
레버

필름 면 표시
(필름 위치 마크)

교환 가능한
포커싱 스크린

노출 보정 잠금/해제 버튼

노출 보정 눈금

필름 속도 눈금

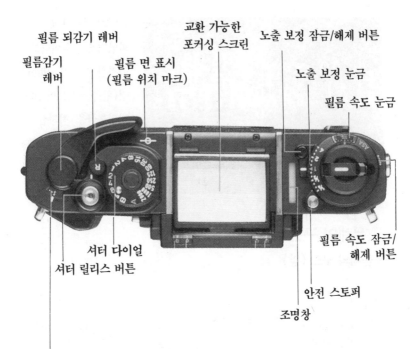

셔터 다이얼

셔터 릴리스 버튼

필름 속도 잠금/
해제 버튼

안전 스토퍼

조명창

필름 카운터

자동 플래시 접점

액세서리 슈

파인더 릴리스 버튼—

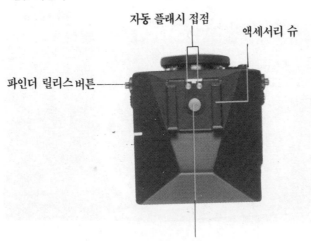

플래시 싱크로(동조) 접점

## * 몸체의 구조(뒤)

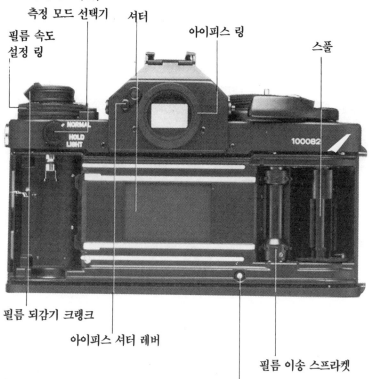

측정 모드 선택기　셔터

필름 속도
설정 링

아이피스 링

스풀

필름 되감기 크랭크

아이피스 셔터 레버

필름 이송 스프라켓

데이터백 연결 접점

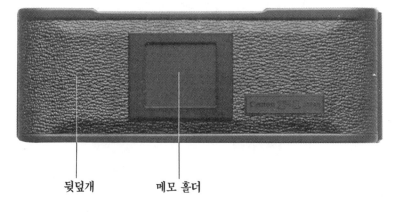

뒷덮개　　메모 홀더

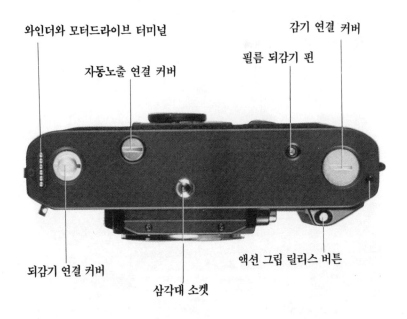

와인더와 모터드라이브 터미널

자동노출 연결 커버

감기 연결 커버

필름 되감기 핀

되감기 연결 커버

삼각대 소켓

액션 그립 릴리스 버튼

# 셔 터

조리개는 빛이 들어오는 구멍을 크거나 작게 하여 빛의 양을 조절하지만, 셔터는 빛이 필름에 닿는 시간을 길게 또는 짧게 조절하는 장치이다. 즉, 빛을 시간적으로 조절하여 필름에 보내 준다. 셔터버튼을 누르면 셔터는 필름에 빛을 통과시켜 주기 위해 지정한 시간만큼 열려 있다가 닫힌다. 셔터다이얼에 표시된 숫자는 다음과 같다.

**◁ 셔터 다이얼**

**A마크는 조리개 우선식 자동 노출시 사용된다. 즉, 조리개값을 먼저 결정하면 셔터 속도는 자동으로 결정된다.**

B  1  2  4  8  15  30  60  125  250  500  1000  2000

이 숫자들의 역수($\frac{1}{2}$, $\frac{1}{4}$, $\frac{1}{8}$, $\frac{1}{15}$ …등)가 셔터 속도이다. 이처럼 카메라에는 분모만 표시되어 있다. 최근의 카메라는 1/2000, 1/4000, 1/8000초까지 셔터 시간을 조절할 수 있다. B셔터는 셔터버튼을 누르고 있는 시간만큼 계속 열리고 버튼을 놓으면 닫힌다. 그러므로 오랜 시간 필름에 빛을 통과시킬 때 사용한다. 셔터가 열려 있는 시간이 길기 때문에 카메라가 흔들릴 염려가 있을 때는 삼각대와 셔터 릴리스라는 케이블을 사용한다. 이 릴리스는 셔터버튼의 중앙에 나사식으로 결합하게 되어 있다. B셔터는 노출 시간을 임의로 조절할 수 있기 때문에 도시 야경, 불꽃놀이 등을 촬영할 수 있다.

촬영시 카메라의 흔들림을 방지하기 위해서는 셔터 속도를 빠르게 해주고, 보통 1/30초 이하의 느린 셔터 속도를 사용할 때

는 삼각대를 사용하는 것이 좋다. 셔터는 물체의 움직임을 순간
적으로 정지된 장면으로 포착한다. 빠르게 움직이는 물체를 순간
정지시켜 포착하기 위해서는 빠른 셔터 속도를 사용하면 된다.
반대로 움직이는 피사체의 동요에 따라 움직임을 강조하려면, 이
를테면 폭포의 흘러내리는 물을 부드럽게 움직이는 느낌이 들도

⇧ 셔터는 물체의 움직임을 정지시킨다.

⇧ 셔터 속도 1/1000초

록 촬영하고 싶으면 셔터 속도를 느리게 촬영하면 된다. 찍고자 하는 대상이나 상황에 따라 셔터 속도를 적절히 선택하는 것이 바람직하다.

같은 셔터 속도라도 필름면에 수평으로 움직이는 물체보다 수직으로 움직이는 물체가 그 떨림이 적다.

\* 같은 셔터 속도라면 정면으로 움직이는 물체가 떨림이 적다.

## 셔터의 작동 원리

셔터의 위치는 렌즈를 교환할 수 있는 카메라라면 필름 바로 앞에 있다. 이를 포칼 플레인 셔터(Focal Plane Shutter)라 한다. 콤팩트 자동카메라는 렌즈 내에 셔터가 있다. 셔터는 2개의 막으로 되어 있다. 셔터버튼을 눌렀을 때 두 막이 차례대로 필름 앞을 지나면서 슬릿의 너비를 조절하여 필름에 빛을 통과시킨다. 즉 앞의 막이 필름 앞을 지나가고 뒤이어 뒤의 막이 필름 앞을 지나간다. 뒤의 막이 앞의 막을 뒤따라가기 시작한 시간을 바로 셔터 속도라고 한다. 셔터는 메이커에 따라 셔터막이 좌우로 이동하거나 또는 상하로 움직이는 방식으로 만들어 놓은 것이 있다.

⇧ 셔터 속도의 차이 1/200초, 1/2000초

## 피사계심도 확인 버튼

촬영하기 전에 피사계심도를 미리 확인할 수 있는 버튼이다. 이 버튼을 누르면 조리개가 설정해 놓은 값으로 오므라들어 피사계심도를 확인할 수 있다. 조리개 구멍의 크기에 따라 파인더내의 밝기와 선명하게 보이는 정도가 달라진다.(조리개와 피사계심도 참조).

## 노출 보정 장치

카메라에 내장된 TTL노출계(렌즈의 투사광을 측광하여 노출을 정하는 방식)는 피사체의 반사광을 평균하여 측정한다. 밝은 하늘을 화면에 크게 잡아 넣고 찍을 때라든지 배경에 하얀 부분이 많은 인물 사진을 찍을 경우 TTL노출계는 화면 밝은 부분의 영향을 받아 정작 인물은 어둡게 나오게 된다(노출 부족).

수동 노출의 경우, 조리개나 셔터를 조작하여 노출 보정하면 되지만 자동 노출의 경우는 사정이 다르다. 이럴 때는 노출 보정 장치를 이용한다. 수동 노출의 상태에서 노출 보정 장치의 조작은 조리개와 셔터값에 아무런 영향을 미치지 않는다는 것도 염두에 두자.

노출 보정 장치에는 보통 EV ± 2라는 표시가 되어 있는데 +1은 조리개나 셔터를 1단계 여는 상태이고, −1은 조리개나 셔

◁ **노출 보정 장치**

**노출 보정 촬영은 밝은 배경 또는 어두운 배경 때문에 인물의 노출이 맞지 않을 때 사용한다.**

⇧ **니콘F−801의 노출 보정 장치**

⤢ **캐논T−90 노출 보정 장치**

⇨ **니콘 F3 노출 보정 장치**

터를 1단계 조인 상태이다. 위의 예에서와 같은 경우는 TTL노
출계가 적정 노출을 가리키는 상태에서 노출 보정 다이얼을 +1
이나 주변의 밝기 상태에 따라서 +2 등에 놓고 찍으면 된다: 배
경이 밝을 때는 보정 장치를 '+ 방향으로', 배경이 어두울 때는
보정 장치를 '—방향으로' 라고 기억을 해두자.

## 이럴 땐 어떻게?

### 노출 보정 장치의 +와 —를 반대로 조작했다. 바른 노출 방법은?

피사체가 밝으면 —보정, 어두우면 +보정이라는 식으로 노출
보정의 +와 —를 반대로 조작하는 사람이 의외로 많다. 심리적
으로 이해할 수 있지만 그것은 큰 잘못이다. 피사체를 파인더 안
에서 보아서 화면 전체가 반사율이 높은 물체로 구성되어 있으면
'+보정을 한다'. 반대로 반사율이 낮은 물체는 '—보정을 한다.'
반사율이 높은 물체라는 것은 흰눈이나 벽면, 모래 사장, 맑은 날
의 수면, 금속물 등이다. 같은 조건으로 +보정을 하고 싶은 것
은 역광 촬영의 경우이다. 이에 대하여 반사율이 낮은 것은 검은
색, 짙은 녹색, 배경이 어두운 것 등으로, 이 경우는 —보정을
한다.

### 노출 고정 장치(AE Lock)

피사체와 배경 간의 노출 차이가 심할 때 카메라에 내장되어
있는 노출계가 지시한 대로 노출을 맞춰 찍으면 노출은 배경의
영향을 받아 피사체가 어둡거나 하얗게 찍히게 된다. 이때 적정
노출을 하려면 피사체에 다가가서 피사체를 파인더 내에 가득 차

게 넣은 후 이 상태의 노출을 기억시킨다.

기억시키는 방법은 카메라에 따라 다르지만 별도로 있는 노출 고정 장치를 조절하거나 셔터버튼을 절반 정도 누르면 노출이 고정된다. 이렇게 하면 피사체가 하얀 옷이나 검정 옷을 입고 있거

노출 기억 스위치

◁ **노출 고정 장치**

피사체에 다가가 파인더로 보면서 노출 기억 스위치를 누른 채 셔터버튼을 가볍게 절반 정도 누른다. 셔터버튼을 누른 채 노출 기억 스위치에서 손을 뗀다. 이 상태로 노출은 기억되었으므로 원하는 촬영 거리로 돌아가서 거리를 맞추고 촬영하면 된다.

◁ **니콘 F-801의 자동 노출 잠금 장치**

보통 영문 약어로 표시되어 있는데 Auto Exposure —Lock 의 약자이다.

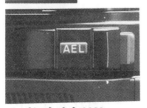

⇧ **미놀타 알파-9000**

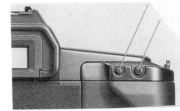

⇨ **캐논 EOS620의 부분 측광 버튼**(AE LOCK)

나 배경이 밝더라도 영향을 받지 않는다. 그런 다음 뒤로 물러나 구도를 정하여 찍으면 된다. 줌 렌즈의 경우 망원 쪽으로 하여 피사체를 가능한 한 화면에 크게 넣어 노출을 고정시킨다.

## 내장 노출계

어떤 대상을 찍을 때 노출을 결정해야 하는데 기준을 어디에 두어야 적당할지 잘 모를 때가 있다. 문제를 해결하는 방법으로 카메라에 내장된 노출계를 이용한다. 모든 카메라에는 적정 노출을 알 수 있도록 노출계가 내장되어 있다. 셔터버튼을 절반 정도 누르면 파인더 내부에 불이 껌벅거리거나 바늘이 움직인다. 램프나 바늘의 지시대로 조리개와 셔터를 적절히 배합하면서 적정 노출을 구성한다. 카메라에 내장된 노출계는 물체로부터 반사되어 나오는 빛을 렌즈를 통하여 측정하는 방식이다[렌즈를 통하여 빛을 측정한다고 하여 TTL(Through The Lens)카메라라고도 한다].

노출계의 측광 방식에는 여러 가지가 있는데 대중용 카메라의 대부분은 화면의 중앙 부분의 빛을 더 많이 측정하고 주변부를 평균하여 측정하는 중앙중점식 평균 측광 방식을 채택하고 있다.

TTL노출계의 단점은 피사체 주변의 배경 밝기에 따라 노출값이 달라진다. 어두운 배경 앞에 서 있는 대상을 찍을 경우 TTL 노출계는 어둡다고 판단하고 적정 노출을 지시하나, 실제 인화해 보면 대상은 노출 과다로 찍히게 된다. 이와 반대로 피사체가 밝은 배경 앞에 있으면 노출계는 전체적으로 화면이 밝다고 측정하여 적정 노출을 지시한다. 그러나 실제 사진을 현상해 보면 피사체는 노출 부족인 경우가 많다. 이의 해결 방법은 앞에서 말한 경우에는 적정 노출보다 조리개를 1단 정도 오므려서 찍고, 뒤에 말한 경우는 적정 노출 지시값보다 1단 정도 개방하여 찍으면 노출 부족을 해결할 수 있다.

풍경 사진의 경우, 밝은 하늘이 많이 포함되기 때문에 노출 측정시 카메라를 아래로 약간 기울여 측정하거나 피사체에 접근하여 노출을 측정하면 비교적 적정한 노출을 얻을 수 있다. 고급 카메라에는 여러 가지 측광 방식을 선택할 수 있게 되어 있다. 한 예를 들면 중앙 측광(SPOT 측광)의 경우 파인더의 중앙 부분에서만 노출을 측정하는 방법으로 피사체 특정 부분의 노출만을 측정하기 때문에 촬영자의 의도대로 노출을 조절해 찍을 수 있다. 이상과 같이 TTL노출계의 지시대로 조리개와 셔터를 적절히 조절하여 촬영을 하면 되는데 요즈음 카메라는 이를 좀더 쉽게 조작하기 위한 기능이 첨가되어 있다.

## 여러 가지 측광 방식

• **평균 측광**─화면 전체를 평균적으로 측광하는 방식

• **스포트 측광**─피사체 면의 어느 한정된 일부분의 밝기만을 측정하는 노출 측정 방식. 화면 중앙의 지극히 좁은 범위만을 측광하기 때문에 조그마한 피사체라도 주위의 영향을 전혀 받지 않고 적정 노출이 되게 찍을 수 있다.

• **중앙 중점 부분 측광**─화면의 중앙부를 중점적으로 부분 측광하는 방식. 중앙부 중점 평균 측광 방식에 비하면 뒷배경의 영향은 적다. 역광이라도 실수하는 일이 드물다.

• **중앙부 중점 평균 측광**─화면의 중앙부를 중점적으로 측정하면서도 화면 전체를 고려하여 재는 방식. 중앙의 피사체가 작고 주변부가 밝으면 노출 부족이 되지만 보통 크기의 피사체가 화면의 중앙에 위치하고 있는 상황에서는 노출 실수는 적은 편이

다.

•**다분할 측광** — 화면을 몇 개로 분할한 뒤 분할된 화면마다 다
르게 측광하여 적정 노출을 산출하는 방식으로 대상과 배경 간의

### 스포트 측광

화면의 극히 일부
분만을 측광한다. 주
피사체인 글래스의
노출만을 측정했기
때문에 주피사체가
아무리 밝은 배경이
라도 영향을 거의 받
지 않는다.

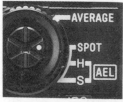

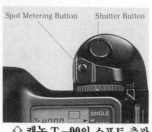

⇧ 미놀타 알파9000의 스포트 측광　　⇧ 캐논 T-90의 스포트 측광

밝기 차이가 심하더라도 무리 없이 찍힌다. 피사체가 중앙에 없거나 역광의 경우에도 효과가 있다.

## 부분 측광

부분 측광은 화면의 13%만을 측광한다. 피사체가 밝거나 어두운 배경에 둘러싸여 있을 때도 적정 노출을 얻을 수 있다. 좌측과 같은 경우는 모델의 얼굴에 맞춰 노출을 측정하였다.

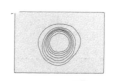

### 중앙부 중점 평균 측광

화면 전체의 노출을 재되
중앙부를 중점 측광하는 방식

• **상하 분할 측광**─화면의 상하를 나누어 측광한 뒤 평균값을 내는 측광 방식

## 다분할 측광

노출 보정 없이 평가 측광에 의해 찍은 사진. 빛은 6개의 존에서 각기 다른 비중치로 분리되어 측정된다.

⇧ **기존 측광 방식에 의한 촬영**

⇧ **6개 측광 존**

## 이럴 땐 어떻게?

**다분할 측광, 다분할 평가 측광은 어떤 광선의 상태에서도 노출에 실수가 없는가?**

멀티 패턴, ES패턴, 다분할 평가 측광이라 불리는 새로운 타

입의 노출 보정 기구를 장착한 TTL자동카메라가 많아 적정 노출을 얻는 데에 대단히 편리해졌다. 그러나 편리해졌다는 것과 노출에 실수가 없다는 것은 별개 문제다. 분할 측광 기능은 화면 내의 밝음을 몇 개 비교 검출하여 피사체와 배경 간의 노출을 자연스럽게 해준다. 화면 안에 부분적으로 강한 광선이 있는 경우 종래의 타입보다는 다르게 적정 노출에 가까워지지만 눈이나 벽의 흰색이나 흑색 등은 노출 보정이 필요하다.

## 스포트 측광으로 정확한 노출을 얻을 수 있을까?

스포트 측광으로 정확한 노출을 얻을 수 있다. 카메라 내장의 노출계는 전부 반사광식인데 반사광식은 피사체의 휘도(반사율)를 재어 어떤 반사율에 차이가 있더라도 18%의 중간 농도가 되게끔 마이콤이 연산하여 노출값을 지시한다. 그래서 흑은 노출 과다, 백은 노출 부족이 되어버린다. 재는 장소가 나쁘면 노출이 엉망이 되는 것은 당연한 일이다. 우리들이 스포트 측광을 할 때에는 피사체 중에서 18%의 중간 농도에 해당하는 곳을 찾아 재고, 밝기가 틀리는 장소를 몇 군데 찾아 촬영 의도에 맞는 적절한 노출을 구한다. 스포트 측광의 좋은 점은 먼 곳에서라도 중요 피사체의 노출 측광이 가능하다는 점이다.

## 하이라이트 측광과 섀도 측광의 사용 방법은?

미놀타의 알파-9000, 캐논 T90, 올림프스의 OM-4Ti 등에 내장되어 있는 측광 방식으로서 하이라이트 측광은 간단히 말하면 하얀 피사체를 하얗게 재현하기 위하여 피사체의 제일 하얀 곳을 재어 촬영하는 방법이며 섀도 측광은 검은 피사체를 검게 재현하기 위하여 피사체의 제일 어두운 곳을 재어 촬영하는 방법이다.

### ⇨ 올림프스 OM−4Ti의 하이라이트/섀도 측광

⇧ **흰색을 하얗게 찍는 하이라이트 측광**

**평균 측광으로는 하얀 벽이 회색으로 찍히게 된다. 거기에 +2 정도의 노출보정을 하면 하얗게 찍히게 된다. 하이라이트 측정기는 그것을 자동으로 해준다.**

## 파인더

파인더 중앙에 있는 것이 스프린트 프리즘, 주변이 마이크로 프리즘이다. 중앙의 스프린트는 상이 상하로 분리되었을 때 핀트가 맞지 않고, 일치되었을 때는 핀트가 맞게 된다. 그러나 F값이 어두워졌을 때는(F5.6 정도부터) 핀트를 잘 맞출 수 없게 된다. 이 경우 주변 매트부에 맞추도록 하자. 매트부는 클로즈업이나 움직이는 피사체에는 편리하므로 평소부터 익혀 둘 필요가 있다.

\* **파인더**

매트스크린

마이크로 프리즘

스프린트 프리즘

⇧ 핀트 맞지 않음　　　　　⇧ 핀트 맞은 상태

# 노 출
## 노출이란

　노출이란, 카메라와 사진에 관련된 이야기를 할 때에 가장 빈번하게 사용되며 또한 가장 중요하고 기초적인 사진 용어 중의 하나이다. "노출이 적정하다, 노출이 부족하다, 사진이 너무 밝게 나왔다, 어둡다"라고 하는 것은 노출과 관련되어 쓰이는 말들이다.

　노출이란 카메라가 빛의 양을 측정하여 필름에 빛을 보내 주는 것을 말한다. 필름에 도달하는 빛이 부족하면 사진이 어둡게 나오고(노출 부족), 필름에 도달하는 빛이 많으면 사진은 밝거나 하얗게 나오게 된다(노출 과다). 사용자가 빛을 알맞게 조절하여 필름에 적절한 빛을 보내 주는 것을 적정 노출이라고 한다.

　빛을 조절하는 기구는 카메라의 몸체 및 렌즈에 부착되어 있는데 이것을 '조리개'와 '셔터'라고 한다. 조리개는 필름에 도달하는

⇧ -1단 노출 부족　　⇧ 적정 노출　　⇧ +1단 노출 과다

빛을 양적으로 조절해 주고 셔터는 필름에 도달하는 빛을 시간적
으로 조절해 주는 역할을 한다. 다음의 예를 통해 조리개와 셔터
의 역할을 알아보자.

## 조리개와 셔터의 상관 관계

빛을 물이라 하고 컵에 물을 가득 채우는 것을 적정 노출이라
한다면 물을 채우는 방법에는 두 가지가 있다. 하나는 수도꼭지
를 세게 틀어 짧은 시간 내에 물을 가득 채우는 방법과 또 하나는
수도꼭지를 조금씩 틀어서 비교적 오랜 시간 동안 물을 채우는
방법이 있다. 수도꼭지로 물의 양을 조절하는 이 예와 같이 빛의
양을 조절해 주는 것이 조리개이며, 짧은 시간 동안 혹은 오랜 시
간 동안 컵에 물을 채우는 것, 즉 시간적으로 빛을 조절하는 역할
을 하는 것이 셔터이다.

조리개와 셔터는 각각 따로 작동되지만 둘의 관계는 따로라고
생각할 수 없는 불가분의 관계(반비례 관계)이다. 즉, 조리개를
열면 셔터가 빠르게 작동하도록 조절해 주어야 한다. 반대로 조
리개를 조이면 셔터는 느리게 작동하도록 조절해야 한다. 이는
적정 노출을 위해 일정량의 빛을 필름에 통과시키는 과정에서 조
리개를 개방할수록 빛이 많이 통과하므로 셔터로 짧은 시간 동안
만 빛이 통과하도록 조절해야 하고, 반대로 조리개는 조일수록
빛이 적게 통과하므로 셔터 속도를 느리게 하여 빛이 오랫동안
통과하도록 조절해야 한다는 의미이다. 적정 노출을 위해서는 빛
을 양이나(조리개 조작), 시간적으로(셔터 조작) 적절하게 조절
하여 필름에 적당한 빛을 통과시켜 주어야 하는 것이다.

예를 들면, 빠르게 움직이는 물체를 찍기 위해 적정 노출에 필
요한 셔터 속도보다 빠른 셔터 속도를 설정했다면 적정 노출을

위한 빛이 부족하게 된다. 이 부족한 빛은 조리개를 개방하여 빛을 더 많이 통과시키면 된다. 반대로 피사계심도를 깊게 하여 촬영하려고 조리개를 적정 노출에 필요한 조리개값보다 적게 하여조였다면 적정 노출에 필요한 빛이 부족하게 되나, 셔터 속도를느리게 하여 빛을 많이 통과시키면 적정 노출을 위한 균형을 유지할 수가 있다.

똑같은 양의 빛을 통과시키는 조리개와 셔터의 조합은 여러 가지 있다. 셔터 속도 1/125과 조리개값 F8이 적정 노출을 위한값이라면 아래의 표와 같이 여러 개의 조합을 생각할 수 있다. 노출 조정시 두 숫자 중 하나를 변경시키면 다른 하나도 조정해 주어야 한다는 사실을 늘 생각하자.

| 셔터속도 | 조리개값 |
|---|---|
| 1/500 | F4 |
| 1/250 | F5.6 |
| 1/125 | F8 |
| 1/60 | F16 |
| 1/30 | F22 |

셔터 속도를 1/250초로 하여 빛이 통과하는 시간을 1/125초보다 반으로 줄였다면 조리개값을 F8에서 F5.6으로 변경하여 개방해 주면 빛이 보다 많이 통과하여 결국은 필름에 도달하는 빛은 같아진다.

**노출값**(EV : Exposure Value)

조리개와 셔터와의 관계를 EV로 알아보자.

조리개값 F1, 셔터 속도 1초의 노출량을 EV0이라고 한다. 조리개가 1단씩 오므라들거나 셔터 속도가 1단씩 빨라지면 EV 역시 한 단계씩 높아진다. 예를 들면 조리개값이 F1, 셔터 속도가 1/2초면 EV는 1이다. 또는 셔터 속도가 1초이고 조리개값이 1.4일 때도 EV는 역시 1이다. 이와 같이 조리개와 셔터의 조합으로 아래와 같은 EV표를 만들어 볼 수 있다.

| 셔터*조리개 | 1 | 1.4 | 2 | 2.8 | 4 | 5.6 | 8 | 11 | 16 | 22 |
|---|---|---|---|---|---|---|---|---|---|---|
| 30 | −5 | −4 | −3 | −2 | −1 | 0 | 1 | 2 | 3 | 4 |
| 15 | −4 | −3 | −2 | −1 | 0 | 1 | 2 | 3 | 4 | 5 |
| 8 | −3 | −2 | −1 | 0 | 1 | 2 | 3 | 4 | 5 | 6 |
| 4 | −2 | −1 | 0 | 1 | 2 | 3 | 4 | 5 | 6 | 7 |
| 2 | −1 | 0 | 1 | 2 | 3 | 4 | 5 | 6 | 7 | 8 |
| 1 | 0 | 1 | 2 | 3 | 4 | 5 | 6 | 7 | 8 | 9 |
| 1/2 | 1 | 2 | 3 | 4 | 5 | 6 | 7 | 8 | 9 | 10 |
| 1/4 | 2 | 3 | 4 | 5 | 6 | 7 | 8 | 9 | 10 | 11 |
| 1/15 | 3 | 4 | 5 | 6 | 7 | 8 | 9 | 10 | 11 | 12 |
| 1/30 | 4 | 5 | 6 | 7 | 8 | 9 | 10 | 11 | 12 | 13 |
| 1/60 | 5 | 6 | 7 | 8 | 9 | 10 | 11 | 12 | 13 | 14 |
| 1/125 | 6 | 7 | 8 | 9 | 10 | 11 | 12 | 13 | 14 | 15 |
| 1/250 | 7 | 8 | 9 | 10 | 11 | 12 | 13 | 14 | 15 | 16 |
| 1/500 | 8 | 9 | 10 | 11 | 12 | 13 | 14 | 15 | 16 | 17 |
| 1/1000 | 9 | 10 | 11 | 12 | 13 | 14 | 15 | 16 | 17 | 18 |
| 1/2000 | 10 | 11 | 12 | 13 | 14 | 15 | 16 | 17 | 18 | 19 |
| 1/4000 | 11 | 12 | 13 | 14 | 15 | 16 | 17 | 18 | 19 | 20 |
| 1/8000 | 12 | 13 | 14 | 15 | 16 | 17 | 18 | 19 | 20 | 21 |

셔터와 조리개 중 어느 것을 우선할 것인지는 찍히는 대상의 움직이는 속도, 피사계심도 등 그때그때의 상황에 따라 결정한

다. 카메라 메이커들은 보다 쉽게 사진을 찍을 수 있도록 셔터를 먼저 설정하면 그에 따른 조리개값이 자동적으로 정해지거나, 조리개값을 먼저 설정하면 그에 따른 셔터 속도가 자동으로 정해지도록 한 카메라를 생산해 내고 있다. 앞의 경우를 셔터 우선식 카메라라고 하며 조리개에 'A'마크가 있으며, 뒤의 경우를 조리개 우선식 카메라라고 하며 셔터에 'A'마크가 있다.

## 조리개 우선식 카메라

조리개값을 선택하면 셔터 속도는 자동으로 결정된다. 이때 셔터 다이얼은 A(auto) 혹은 P(program) 마크에 설정시킨다.

⇩셔터 다이얼을 A마크에 세트하고 조리개값을 선택하면 셔터 속도는 자동으로 결정된다.

⇩ 조리개 우선식 자동 노출을 선택한 후 LCD판넬에 표시된 모습

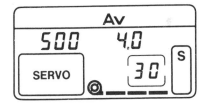

⇧ 조리개값 4를 선택하였더니 셔터 속도 1/500초가 자동으로 결정되었다.

⇧ 조리개값 16을 선택하였더니 셔터 속도가 1/125초로 자동 결정되었다.

⇧ 조리개를 조이면 피사계심도가 깊은 사진이 된다(선택된 조리개값에 따라 셔터 속도는 자동으로 결정된다).

⇦ 조리개를 개방하면 피사계심도가 얕은 사진이 된다(선택된 조리개값에 따라 셔터 속도는 자동으로 결정된다).

## 셔터 우선식 카메라

셔터를 먼저 결정하여 선택하면 조리개는 자동으로 결정된다. 조리개링은 A(auto)마크에 설정시킨다.

## ⇨ 셔터 우선식

조리개링을 A마크에 세트하고 셔터 속도를 선택하면 조리개값은 자동으로 결정된다.

⇩ 셔터 우선식 자동 노출을 선택한 후 LCD판넬에 표시된 모습

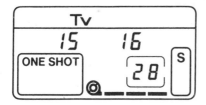

⇧ 셔터 속도 1/15초를 선택했더니 조리값 16이 자동으로 결정되었다.

⇧ 셔터 속도 1/8000초 선택에 따라 조리개값 2가 자동으로 결정되었다.

⇨ 느린 셔터값을 선택하고서 움직이는 피사체를 따라가며 카메라를 움직이면서 찍었다.

⇧ **빠른 셔터 속도를 사용하면 물체의 움직임을 정지시킬 수 있다(선택된 셔터 값에 따라 조리개값은 자동으로 결정된다).**

## 프로그램식 카메라

조리개와 셔터 모두 카메라가 자동으로 결정한다. 조리개를 A, 셔터를 A 또는 P에 맞추어 놓으면 밝거나 어두운 촬영 여건에 맞춰 적정 노출을 위한 조리개와 셔터와의 조합이 자동으로 이뤄진다. 촬영자는 오직 거리를 정확히 맞추는 데에만 신경을 쓰면 된다. 여기에서 한 단계 더 발전하여 거리까지 자동으로 맞춰 주는 카메라도 시판되고 있다. 이 프로그램식 카메라의 경우, 노출 결정시 셔터 속도를 우선적으로 고려하여 움직이는 물체를 촬영할 수 있는 방법과, 노출 결정시 조리개를 우선적으로 고려하여 정적인 물체나 심도 깊은 사진 촬영을 가능케 하는 방법이 있다. 촬영 대상이나 경우에 따라 조리개 우선식이나 셔터 우선식의 카메라가 이용되겠지만 조리개의 선택 폭보다 셔터의 선택

폭이 크기 때문에 조리개 우선식이 노출 결정을 비교적 제한 없이 할 수 있다.

▷ **프로그램식 자동 노출**

   셔터 다이얼을 프로그램에, 조리개링을 A마크에 세트하면 노출은 카메라가 자동으로 결정한다.

⇩ 프로그램식 자동 노출을 선택한 후 LCD판넬 모습

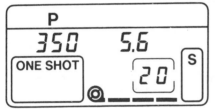

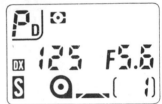

1/350초, F5.6   ⇧ 셔터와 조리개값이 자동으로 결정된다.   1/125초, F5.6

⇧ 심도 깊은 촬영이 가능하도록 노출이 고려된 프로그램식 자동 노출

⇧ 빠르게 움직이는 물체를 찍을 수 있도록 고속 셔터가 세트된 프로그램식 자동노출 촬영

⇧ 수동 노출

자동 노출로 표현하기 어려운 경우 조리개값과 셔터 속도를 수동으로 조작하여 촬영한다.

## 이럴 땐 어떻게?

> **필름의 ISO 감도 설정을 틀리게 했다. 촬영 도중에 알았는 데 그 후의 처리 방법은?**

사용 필름에 따라 대처하는 방법이 다르다. 네거컬러 필름의 경우 다소 노출이 빗나간(적정 노출에서 전후 조리개 2스텝) 정도라면 인화 재현의 허용 범위 안에 들어가므로 발견된 순간부터 ISO감도를 바르게 설정하면 된다. 그러나 노출 허용 범위가 극히 좁은 리버설 컬러필름에서 ISO감도 설정 실수는 치명적이다. 유일한 구제 방법으로서(코다크롬 이외의 필름에 한한다) 증감,

⇧ ISO100 리버설 필름(슬라이드 필름)을 ISO100에서 바르게 촬영한 경우.

⇧ ISO100 필름을 ISO400에 놓고 촬영하면 조리개 2단 정도의 노출이 부족한 사진이 된다.

⇧ ISO400 리버설 필름(슬라이드 필름)을 ISO400에서 바르게 촬영한 경우

⇧ ISO400필름을 ISO100에 놓고 촬영하면 조리개 2단 정도의 노출이 오버한 사진이 된다.

감감 현상 처리에 의지하는 수밖에 없다. 증감, 감감 현상 처리는 필름 1통 단위로 처리한다. 부분적으로 처리할 수는 없으므로 도중에 발견했어도 그대로 마지막까지 촬영하여 원래의 필름을 전부 현상 처리하는 것이 좋다.

⇧ ISO100 네거필름을 ISO400에서 촬영하면 2단계 노출 부족이지만 적정이라고 말해도 좋다.

⇧ ISO400 네거필름을 ISO100에서 촬영했을 경우. 2단계 노출 오버하였지만 적정 노출의 사진과 별로 차이가 없다.

## 꺼칠꺼칠한 사진이 되었다. 왜 그런가?

촬영시 노출 부족이 원인이다. 노출이 부족한 네거필름을 인화하면 꺼칠한 검은 사진이 되어 버린다. 네거컬러 필름은 조리개 둘 정도의 오버나 언더로 노광시켜도 적정 노출의 네거필름에서 인화한 것과 다름없는 것을 얻을 수 있다. 예방 방법으로는 고감도 필름을 사용하든가 조리개를 보다 개방시켜 F값이 밝은 렌즈를 사용하는 것이다. 플래시 사용도 하나의 방법이다.

⇩ 꺼칠꺼칠한 사진이 되어 버렸을 경우, 노출 부족이 원인이다.

색이 흐린 사진도 마찬가지로 촬영시 노출 부족이 원인이다. 농도가 흐린 네거컬러 필름을 인화하면 색이 옅은 사진이 된다.

## 자동 카메라도 다룰 줄 알아야

35mm 콤팩트 자동카메라에 대해 알아보자.

자동 카메라는 크기가 작아 휴대하기에 간편하고, 노출 및 거리 조절이 자동이며 필름도 자동으로 감기는 등 모든 기능이 자동으로 되어 있어서 스냅 사진용으로 적합할뿐더러 잘만 찍으면 작품 사진도 만들 수 있다. 자동 카메라이기 때문에 찍기만 하면 모든 것이 자동으로 잘 된다는 생각을 일반적으로 하고 있는 것 같다. 하지만 이는 잘못된 생각이다. 자동카메라도 설명서를 자세히 읽지 않으면 잘못된 사진이 나오기 쉽다. 물론 SLR카메라 보다는 쉽게 찍을 수 있지만, 자동 카메라의 원리도 알고 나면 좀 더 좋은 사진을 찍을 수가 있을 것이다. 자동 카메라는 거리를 맞추는 방식에 따라 2가지로 분류된다.

### 고정 초점식(Fixed Focus)

촬영 거리가 고정되어 있는 카메라이다. 거리가 고정되어 있는 상태에서 피사계심도를 깊게 하기 위해 렌즈 구경이 작고 렌즈의

**고정 초점식 카메라**
**니콘RD2**
**35mm(F3.5) 카메라,**
**거리 : 0.65m ~ ∞**
**셔터 : 1/42~1/180초**

초점거리도 짧게 설계된 카메라이다. 거리는 보통 3m 정도에 고정되어 있기 때문에 3m 부근에서 찍을 때 가장 선명한 사진을 얻을 수 있다. 이 카메라는 메이커에 따라 Fixed Focus, Focus Free, Universal 등의 용어로 렌즈 주변 혹은 몸체에 새겨져 있기 때문에 구입할 때 참고하기 바란다.

### 자동 초점식(Auto Focus)

카메라와 촬영 대상과의 거리에 따라 렌즈가 움직이면서 거리가 자동으로 맞춰진다. 셔터버튼을 누르면 카메라는 적외선을 피사체에 발사를 하고 반사되어 돌아오는 적외선을 감지하여 거리를 맞춘다. 거리는 어떠한 경우라도 SLR카메라처럼 정확히 맞춰지는 것이 아니라, 카메라 내부에 거리별로 존이 설정되어 있어 적외선이 측정한 거리와 근접한 존(zone)을 선택하여 초점을 맞추는 방식이다. 파인더 중심부에 거리를 맞추는 참고 표시(자동 초점 프레임)가 있는데 이 부분과 피사체가 일치될 때 거리가 맞춰진다. 보통 셔터버튼을 절반 정도 누른 상태에서 이렇게 작동된다.

**자동 초점식 카메라**
  펜탁스ZOOM 70-R
  35~70mm줌카메라
  거리 : 1m~∞
  셔터 : 1/5~1/250초

## 자동 초점 잠금 장치(Focus Lock)의 이용

촬영 대상이 파인더의 중심부에 있을 때는 거리를 맞추는 데 아무런 문제가 없다. 거리를 맞추는 데 사용되는 자동 초점 프레임(auto focus frame)이 파인더의 중앙에 있어 저절로 촬영 대상과 일치되기 때문이다. 하지만 화면의 구도를 위해 대상을 파인더의 좌측 혹은 우측에 배치한다든지, 두 명 이상의 대상을 촬영할 때는 대상과 자동 초점틀이 일치하지 않아 거리는 배경에 맞게 된다. 이의 단점을 보완하기 위해 AF카메라에는 초점 잠금

**포커스 락**(자동 초점 잠금 장치)**의 이용**

1. 구도를 결정한다 (이 상태에서 셔터를 누르면 초점은 배경의 탑에 맞춰진다).

2. 인물에 핀트가 맞도록 한 뒤 셔터버튼을 절반 정도 가볍게 누른 채(포커스락)

3. 구도를 재결정하여 셔터를 완전히 눌러 촬영한다.

장치가 부착되어 있다. 즉, 촬영 대상에 파인더의 중심부를 일치
시키고 셔터버튼을 절반 정도 누르면 거리가 메모리된다. 그 상
태에서 화면을 구성하여 촬영하면 초점이 주피사체에 맞는 상태

⇧ 포커스 락 장치를 이용치 않고 촬영

⇧ 포커스 락 장치를 이용하여 촬영

가 되어 찍히게 된다. 이 focus lock 장치를 이용하면 화면의 구
도를 자유자재로 설정할 수 있다.

최근에는 SLR카메라도 거리가 자동으로 맞춰지는 카메라가
잇따라 나와 시판되고 있다.

이 AF SLR카메라와 일반적인 AF compact카메라와는 어
떻게 다른지 비교해 본다.

| auto focus compact 카메라 | auto focus SLR 카메라 |
|---|---|
| 렌즈 교환이 되지 않음 | 렌즈 교환이 가능함 |
| 촬영 렌즈와 파인더가 따로 있음 | 촬영 렌즈와 파인더 동일 |
| 노출 자동 노출 | 자동・수동 선택 가능 |
| 거리를 맞추는 단계가 있음 (zone) | 무한대로 거리를 맞춘다 |
| 플래시 내장 | 대부분 없으나 요즈음은 내장된 것도 있음 |
| 부피 작음 | 부피 큼 |

### 이럴 땐 어떻게?

### 오토 포커스 일안레프 카메라에서 포커스 락(focus lock) 하려면?

오토 포커스(AF)를 수동 포커스(MF)로 쓰는 것도 프로의
테크닉이다.

기본적인 AF lock이란 셔터 릴리스 버튼을 절반 누르는 것을
말한다. 그러나 그 중에는 절반 누르는 것이 어렵거나 손가락이
잘 작동하지 않는 경우가 많다. 카메라에 따라서는 별도로 AF

lock 버튼을 만들어 둔 것도 있으나, 없을 때에는 핀트를 맞춘 상태에서 AF → MF(매뉴얼 포커스)로 바꾸면 된다. 처음부터 MF로 찍는 것도 역시 한 가지 방법이다.

## 필름의 화면과 화면 사이 거리가 떨어지는 이유는?

화면과 화면 사이가 뜨는 것은 카메라의 노후화를 나타내는 위험 신호이다. 카메라를 오랫동안 사용하면 필름 감는 레버나 스프라켓 톱니바퀴 등 감는 기구에 곰팡이가 생긴다. 한 화면은 필름 구멍 8개로 정해져 있는데 제대로 보내지지 않는 것이다. 그대로 두게 되면 화면과 화면이 서로 겹치는 등 문제들이 생기기 쉬우므로 서비스 센터에 가서 고치도록 하자. 사진에서는 알 수 없으므로 네거티브 필름을 잘 보고 체크하도록 하자.

## 사진에 한 줄의 선이 선명하게 들어 갔다. 원인은?

압판에 상처가 나면 교환하도록 하자.
원인은 두 가지 생각할 수 있다. 하나는 카메라 내부에 모래나 티끌같은 이물질이 들어가서 필름이 주행하는 어딘가에 붙어 있는 경우이고, 또 하나는 뒷뚜껑의 압판에 상처가 생긴 경우이다. 똑같은 곳에 계속 상처가 생기면 압판에 상처가 났다고 생각하면 틀림없을 것이다. 이물질이 들어간 것은 블로어로 내부를 잘 털어내면 된다. 압판의 상처는 여러분이 고칠 수 없으니까 서비스 센터에 네가필름과 함께 들고 가자. 운동장과 같이 먼지가 많은 장소에서는 뒷뚜껑의 압판 등에 작은 모래 입자나 먼지 등이 필름에 들러붙지 않도록 주의하자.

**도중에 다중 노출 사진이 되고 그 이후의 화면이 찍히지 않았다. 왜 그런가?**

필름 되감는 버튼을 살펴보자.

첫째, 둘째 화면이 다중 노출되어 있다면 필름 장전의 실수라고 생각할 수 있지만 그 이후의 화면이 다중 노출되었다면 원인은 필름 되감는 버튼의 고장이다. 정상적인 카메라라면 잘못해서 되감기 버튼을 눌렀어도 필름을 감을 때에 곧 복원이 된다. 그렇지만 망가져서 복원이 안 되었을 때는 필름이 보내지지 않기 때문에 그 화면만이 다중 노출된다.

또한 되감는 버튼과는 별도로 다중 노출 버튼이 있어서 이 버튼을 사용 후 해제하지 않으면 다중 노출이 계속되는 경우도 있으니까 유의하자. 필름을 감을 때 크랭크 회전이나 필름카운터를 확인하는 습관을 붙이면 이러한 실수를 방지할 수 있다.

## 카메라의 종류
카메라는 다음과 같은 세 가지 유형으로 구분할 수 있다.

### 반사식 카메라(리플렉스 카메라)
카메라 렌즈를 통해 들어온 빛은 반사 거울에 의해 눈에 도달하고, 촬영시에는 반사 거울이 위로 들어올려져 필름에 빛이 도달하게 되어 있는 카메라로서 일안 반사식(리플렉스) 카메라라고 한다. 또 다른 한 가지는 빛을 필름에 도달케 하는 렌즈(사진을 찍는 렌즈)와 촬영자가 볼 수 있는 렌즈(파인더로 보는 렌즈)로 되어 있는 카메라로 초점은 두 개의 렌즈가 동시에 맞게 되어 있는데, 이안 반사식(리플렉스) 카메라라고 한다. 이는 뷰 카메라와 레인지파인더 카메라를 결합한 형태이다. 빛을 거울에 반사시키는 것은 일안 반사식과 같으나 사진을 찍는 렌즈와 파인더로 보는 렌즈가 다르게 되어 있다는 점에서 차이가 있다.

⟵ **이안 반사식 카메라**(롤라이 리플렉스 2. 8GX)

⟱ **일안 반사식 카메라**(니콘F3)

## 레인지 파인더 카메라

피사체로부터 반사되어 나온 빛이 렌즈 구멍을 통해 필름에 도달하고 대상을 바라보는 파인더를 통해 촬영자에게 전달되는 카메라이다. 즉 바라보는 영상과 찍히는 영상과는 약간의 차이가

있는데, 이를 시차(視差)라고 하며 이 시차는 촬영 거리가 가까
울수록 커진다.

## 뷰 카메라

흔히 사진관이나 예
식장 같은 곳에서 쓰는
대형 카메라로, 카메라
앞부분에 렌즈가 있고
뒷부분은 초점이 맺히
는 초점 유리가 있다.
렌즈와 초점 유리 사이
에는 주름상자가 있으
며 초점유리에 맺어지
는 상(이미지)은 직접

눈으로 확인할 수 있다. 거리를 맞춘 후 초점 유리를 떼어내고 필
름을 끼우는 방식이다. 즉, 눈으로 본 그대로가 사진으로 찍히기
때문에 필름에 찍히는 영상을 확인할 수 있다는 장점이 있다. 그
러나 초점 유리에 맺혀지는 상은 흐려서 검은 천으로 된 덮개를
둘러쓰고 보아야 하며 또한 상이 초점 유리에 거꾸로 맺히기 때
문에 처음에는 보기가 좀 어렵다는 단점이 있다.

## 화면 크기에 따른 분류
### 35mm카메라

카메라를 화면 크기에 따라 분류해 볼 때 화면 크기가
24mm×36mm로서 35mm필름을 사용하는 모든 카메라를 말한
다. 35mm필름이란 어디서나 쉽게 구할 수 있는 필름인데 여기

에서 35mm는 필름의 세로 길이이다.

35mm SLR카메라의 SLR은 Single Lens Reflex의 약자로서 '일안(一眼) 리플렉스'(反射)카메라라고 한다. 이는 렌즈를 통하여 들어온 빛을 카메라 내부에 장착된 거울에 반사시켜 필름에 찍히는 영상과 똑같은 영상을 직접 눈으로 볼 수 있게 되어 있고, 또 목적에 따라 각종 망원 렌즈나 광각 렌즈를 간단히 바꿔가며 촬영할 수가 있다. 셔터버튼을 누르면 빛을 반사시켜 주는 거울이 위로 올라가고 그 순간 빛이 통과하여 필름에 와 닿는다.

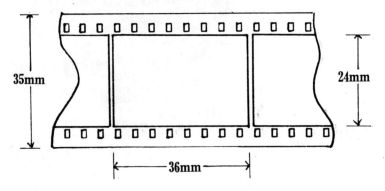

## 35mm 이외의 카메라

화면 크기가 24mm×36mm가 아닌 카메라들로서 아래와 같이 여러 종류가 있다.

- ─하프판(18mm×24mm)
- ─110판(13mm×17mm)
- ─중형 카메라(4.5×6, 6×6, 6×8, 6×9판 등)
- ─대형 카메라

기타

- ─1회용 카메라(렌즈 부착 필름)

－즉석 카메라(일명 폴라로이드 카메라)

**하프 카메라** : 35mm 필름을 사용할 수 있으나, 초점 렌즈가 장착되어 있어 거리를 맞추지 않아도 자동으로 맞추어지며, 필름이 35mm판의 절반 크기로 찍히기 때문에 다른 카메라의 두 배를 찍을 수가 있다.

**폴라로이드 카메라** : 카메라 안에 특수 현상액과 인화지까지 갖추어져 있어서 촬영 즉시(약 10초) 사진이 나오는 카메라로 미국의 폴라로이드 회사 제품이다.

# 제3장  촬영 보조 기구

＊보조광으로서의 플래시 촬영

# 삼각대

줌 렌즈나 망원 렌즈를 사용할 때, 느린 셔터 속도로 흔들릴 염려가 있을 경우, 클로즈업 촬영시, 셀프타이머 등을 사용할 경우 등에는 삼각대를 이용하면 좋다. 삼각대는 튼튼한 것을 고른다. 휴대하기가 쉽고 좁은 장소에서 사용하기에 편한 일각대도 있다.

**일각대**

**휴대가 용이하며 좁은 장소에서 사용이 편리하다.**

# 필 터

필터는 물체의 색깔 및 먼 거리의 흐릿한 물체를 더욱 선명하게 해주고 여러 가지 특수 효과를 나타내기도 한다. 콘트라스트를 뚜렷이 하기 위한 필터를 조절용 필터라고 하는데, 이는 필름의 감색성(사진의 명암)을 육안의 느낌에 가깝게 하기 위한 것이다.

특정 색광(色光)만 투과시키고 다른 색광은 흡수하여 육안의 느낌 이상으로 특정 색을 강조하여 표현하기 위한 필터는 강조용 필터라 한다.

필터는 무색 투명하여 노출에 영향을 주지 않는 것도 있는 반면, 렌즈를 통과하는 빛을 흡수하여 노출에 영향을 주는 필터가 있으므로 반드시 필터에 적혀져 있는 '필터 계수'라는 것을 확인한 뒤 필터 계수가 지시한 만큼 조리개를 조작하여 적정 노출을 이룬 후에 촬영하여야 한다.

**SKY LIGHT 필터 사용 전(상)과 후(하)**

육안으로 보이지 않는 자외선을 흡수하는 UV필터나 푸른 하늘의 강한 빛을 제거하는 스카이라이트 필터는

**UV필터 사용 전(상)과 후(하)**

무색 투명하여 노출에 영향을 미치지 않아 렌즈 보호용으로 사용하며 언제나 부착해 둬도 된다.

# 플래시
## 플래시 촬영 일반

플래시 촬영은 일반 촬영과는 조금 다르다. 즉, 정해진 셔터 속도를 사용해야 하고 피사체와의 거리를 따져서 조리개값을 계산해야 한다. 즉, 셔터 속도는 다이얼에 표시된 플래시 동조 셔터 속도를 선택하면 되고 조리개는 플래시에 적혀 있는 가이드 넘버를 피사체의 거리로 나눈 값을 설정하면 된다.

플래시 촬영을 위한 노출은 플래시의 밝기와 조명 거리에 따라 결정된다. 플래시의 밝기는 가이드넘버로 나타내는데 가이드넘버는 플래시의 뒷면에 표시되어 있다. 가이드넘버를 촬영하고자 하는 거리로 나누면 설정해야 할 조리개값이 나온다. 가이드넘버란 촬영 거리에 따른 조리개값을 알도록 카메라 제조자가 플래시에 부여해 준 번호이다.

셔터가 열리는 순간에 플래시가 빛을 내도록 하는 것을 동조(synchro)라고 하는데 대체로 1/60초나 1/125초에 X표시가 되어 있다. 만약에 이 셔터 속도보다 빠른 셔터 속도를 사용하게 되면 일부만 찍히거나 전혀 찍히지 않게 된다. 그 이유는 빛이 필름으로 통과하기 전에 셔터막이 닫혀버리기 때문이다.

필름 바로 앞에 셔터가 있는 포컬 플레인 셔터는 두 장의 막으로 되어 있는데 한 장의 막[先幕]이 먼저 필름 앞을 통과하고 필름이 광선을 받으면 나머지 한 장 [後幕]이 필름 앞을 가로막아 노출을 끝낸다. 선막의 이동에 이어 후막이 움직이는 시간 간격에 따라 필름에 비춰지는 광선의 양이 정해진다. 플래시와 연동되는 셔터 속도는 두 막 사이가 완전히 벌어져 있는 시점이다. 즉 막이 완전히 벌려졌을 때 플래시가 빛을 내야(발광해야) 한다.

셔터의 막이 움직이는 방향은 수평과 수직, 두 가지가 있다. 수직으로 움직이는 셔터는 움직이는 거리가 짧기 때문에(24mm) 수평으로 움직이는 것(36mm)보다 시간이 짧게 걸리므로 더 빠른 속도로 플래시가 연동된다. 대개 수평으로 움직이는 셔터는 가장 빠른 플래시 연동 셔터 속도가 1/60초인 데 비하여 수직으로 움직이는 것은 1/125초이다. 이 속도보다 느린 셔터 속도는

모두 플래시와 연동되나, 이 속도보다 더 빠른 속도로 플래시를
연동시키면 셔터의 막이 완전히 열리지 않은 상태에서 플래시가
빛을 내기 때문에 필름의 일부분 혹은 거의 전부가 노출되지 않
는다.

## 간접 조명 촬영

피사체 정면에서 플래시를 터뜨리고 촬영을 하게 되면 플래시
의 강한 빛 때문에 피사체는 입체감을 잃게 되고 뒷면에 강한 그
림자가 생긴다.

플래시의 각도를 조절할 수 있는 플래시라면 간접 조명 촬영을

◁ 간접 조명 촬영

⇩ 어두운 곳에서의 플래시 촬영

해보자. 모든 피사체에 대해 고른 조명을 하고자 할 때는 플래시의 조명이 천장을 향하도록 한다. 이때는 빛이 약해지기 때문에 조리개를 2단계로 개방하여 촬영을 하면 전체적으로 부드러운 분위기의 사진이 된다.

## 보조광으로서의 플래시 촬영

플래시 촬영은 어두운 곳에서의 촬영뿐만 아니라 대낮이라도 흐린 날에 사용하면 그늘진 부분을 밝게 하는 보조광의 역할을 할 수 있다. 피사체가 태양을 등지고 있는 역광 촬영의 경우에 육안으로는 피사체의 윤곽이 보이지만 촬영을 해 보면 피사체는 노출 부족으로 어둡게 나온다. 이러한 때 보조광으로서 플래시를 사용하여 촬영을 하면 피사체가 밝게 찍히게 된다. 이를 데이라

왼쪽은 플래시를 사용하지 않은 사진　⇧ 흐린 날에도 플래시를 사용하여 촬영

이트 싱크로(Daylight Synchro)라고 한다.

저녁과 실내에서의 플래시 촬영시 빛이 닿지 않는 배경은 어둡
게 찍혀 부자연스런 사진이 된다. 이를 방지하기 위해서는 플래

◁ 역광시 플래시를
사용하지 않은 사진

**역광시나 배경이 밝은 경우에는 플래시를 사용하자.**

시를 X접점 이하의 느린 셔터 속도를 사용하면 배경이 어둡게 나오는 것을 방지할 수 있는데 이것은 슬로 싱크로라고 한다. 느린 셔터를 사용하기 때문에 삼각대를 사용하면 안전하다.

## 플래시 사용법
### 수동 플래시 사용법

수동 플래시는 거리에 따라 조리개를 개방하거나 조여줌으로써 노출을 조절한다.

1. 필름 감도를 플래시에 설정한다.
2. 피사체와의 거리를 측정한다(렌즈에 있는 거리눈금 참조).
3. 플래시 뒷면의 계산판에서, 측정한 거리에 대응하는 조리개 값을 찾아 그 값에 맞게 조리개 구경을 조절한다.
4. 플래시와 동조되는 셔터 속도를 맞춘다.


### 자동 플래시 사용법

자동 플래시는 찍고자 하는 거리 범위 내에서 피사체에 맞는 적정 노출을 자동으로 조절한다. 노출을 자동으로 조절하는 원리는 피사체로부터 반사된 빛을 측정하여 플래시의 광량을 조절하는 것이다.

1. 플래시와 동조되는 셔터 속도를 맞춘다.
2. '자동/수동'스위치를 '자동' 위치에 놓는다.
3. 필름 감도를 맞춘다.
4. 플래시 뒷면의 계산판에서, 플래시 작동에 적합한 조리개값을 찾아내고 그 값에 맞게 조리개 구경을 조절한다.
5. 조리개값에 맞는 거리 범위(플래시 계산판 참조) 내에서 찍는다.

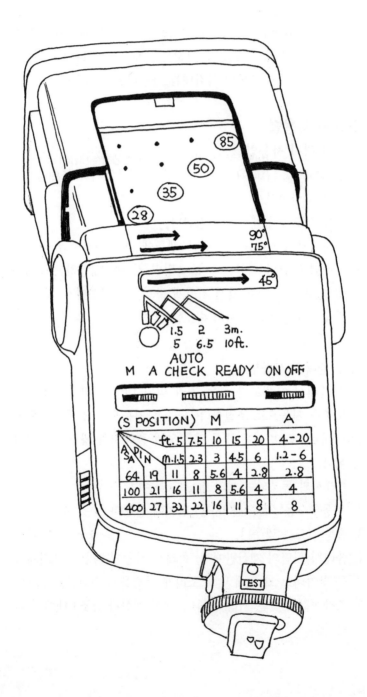

'수동'으로 사용할 경우 피사체와의 거리가 바뀔 때마다 조리개도 바꿔 주어야 하지만(조리개값=가이드넘버 /거리) 자동 위치에 놓으면 일정한 범위 내에서는 조리개값을 고정시켜 놓고 촬영할 수 있다.

예를 들면 어떤 플래시는 자동으로 사용할 때(ISO 100필름 사용시) 조리개를 F4에 놓고 촬영 범위는 1.2m~6m의 범위 내에서 촬영하도록 되어 있다.

수동으로 사용할 때는 1.5m일 때 조리개F16, 2.3m일 때 조리개 F11, 3m일 때 조리개 F8, 4.5m일 때 조리개 F4를 사용하도록 되어 있다(아래 표 참조).

배경이 피사체보다 밝거나 어두울 경우 자동 플래시를 사용하면 노출이 부족하거나(배경이 밝을 때) 노출이 오버(배경이 어두울 경우)되는 수가 있다. 이럴 때는 수동 플래시로 촬영하는 것이 좋다.

〔자동 모드에서의 조리개 설정값〕

* 피사체로부터 반사되어 나온 빛을 감지하여 광량이 자동 조절된다.

플래시와 피사체와의 거리가 변할 때마다 조리개를 변환해 줄 필요가 없기 때문에 편리하다.

| 필름 감도 | 25 | 50 /64 | 100 | 200 | 400 |
|---|---|---|---|---|---|
| 조 리 개 | F2 | F2.8 | F4 | F5.6 | F8 |

〔수동 모드에서의 조리개 설정값〕

* 플래시 광량은 일정하며 조리개 구멍을 넓히거나 좁힘으로써 노출을 조절한다. 즉, 피사체가 카메라로부터 멀면 피사체로부터 반사되어 돌아온 빛을 많이 받아들이기 위해서 조리개를 열어 주어야 하며, 피사체가 가까우면 반사되어 온 빛도 강하기 때문에 조리개를 오므려 찍는다.

| 필름 감도 * 거리 | 1.5m | 2.3m | 3m | 4.5m | 6m |
|---|---|---|---|---|---|
| 64 | F11 | F8 | F5.6 | F4 | F2. 8 |
| 100 | F16 | F11 | F8 | F5.6 | F4 |
| 400 | F32 | F22 | F16 | F11 | F8 |

## 이럴 땐 어떻게?

### 플래시를 사용했는데 사진에 형광등의 녹색이 끼었다. 왜 그럴까?

플래시의 광량이 부족했고, 형광등의 조명을 없애지 않았기 때문이다. 플래시가 완전히 발광했음에도 불구하고 광량이 부족한 경우라든지 또는 촬영 장소의 형광등이 너무 밝아서 카메라가 형광등의 밝기에 적정 노출한 경우이다. 결과적으로 두 경우 모두 플래시광이 보조광 정도의 역할밖에 하지 않았기 때문이다. 앞의 경우가 원인인 때는 광량이 큰 플래시를, 뒤에 말한 경우에는 플래시가 주광원이 되도록 강하게 발광하도록 하자.

### 실내에서 플래시를 터뜨려 인물 촬영을 했는데 눈이 붉게 나왔다. 왜 그럴까?

붉은눈 현상[赤目現象]은 망막의 모세 혈관에 플래시빛이 정면으로 반사했을 때 일어나는 현상이다. 실내나 어두운 장소에서 동공이 활짝 열려 있을 때나, 촬영 렌즈의 광축과 플래시 발광부가 너무 가까울때 일어나기 쉽다.

방지책으로 렌즈 광축으로부터 플래시를 멀리 두자. 가능한 한 밝은 곳에서 촬영하여 동공을 닫아서 눈에 띄지 않게 하든지 몇 커트 정도를 연속해서 촬영해 보자. 2~3장째가 되면 붉은눈이 되는 확률은 적어진다.

## 플래시를 사용했을 때 얼굴이 하얗고 배경은 어둡게 찍히는 것은 왜 그럴까?

플래시 촬영의 경우, 피사체에 너무 접근하면 부분적으로 강한 광선을 반사하여 딱딱한 분위기의 사진이 된다. 이럴 때는 플래시의 광선을 부드럽게 확산시켜 주어야 한다. 천장에 반사시키든가 발광부를 하얀 트레싱페이퍼나 하얀 손수건을 씌우는 것도 좋다. 어떤 방법이든 플래시의 광량이 약해지는 것이므로 광량 부족에 유의해야 한다. 또 배경의 광량 부족은 X접점보다 느린 셔터를 사용하여 해결된다. 카메라의 기종에 따라 조작법은 다르나 플래시를 켜기 전에 배경의 밝기를 재어 그 노출값으로 플래시를 발광시키는 것이 좋다. 그렇게 되면 플래시의 밝기와 배경의 밝기가 균형을 이룬 좋은 사진을 얻을 수 있다.

## 실내 스냅촬영시 플래시를 사용했을 때와 사용 안 했을때 유의해야 할 점은?

플래시에 너무 의존하면 기술이 발전하지 않는다.

플래시가 편리한 것은 대량의 광량을 쉽게 얻을 수 있다는 점이다. 그러나 플래시를 쓰면 발광되는 광선이 직선이어서 분위기가 딱딱한 사진이 되고 뒷공간이 없는 실내에서는 강한 그림자가 생기게 된다. 따라서 인물을 배경에서 띄우고 가능한 한 바운스

해서 쓰는 것이 좋다. 반대로 플래시를 사용하지 않으면 그 곳의 자연스런 분위기가 표현되지만, 불빛 아래 특히 텅스텐광(백열 전구) 밑에서는 빨간색이 씌워진 듯한 사진이 찍히게 되고 형광 등 밑에서는 지저분한 녹색 분위기의 사진이 되므로 플래시를 사용하는 것이 좋다.

플래시를 사용하지 않을 때는 슬로 셔터가 되기 쉬우므로 카메라의 흔들림과 피사체 흔들림에 특히 유의해야 한다. 꼭 삼각대를 사용하고 피사체의 인물에게도 슬로 셔터이므로 움직이지 않도록 주의시켜 두는 것도 좋은 방법 중의 한 가지이다.

## 플래시의 발광부에 붙이는 판넬을 사용했더니 이상한 사진이……

렌즈 교환의 경우 판넬에도 주의할 것.

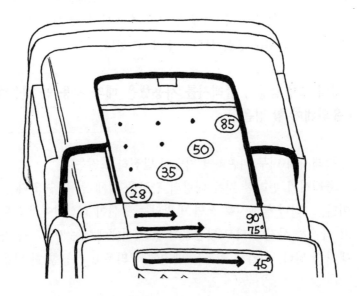

플래시의 발광부에 광각 판넬과 망원 판넬 등 아답터를 장치, 조정하여 판넬을 밀고 당김으로써 플래시광의 각도나 빛이 나가는 거리를 변동시킬 수 있게 되어 있는 플래시가 있다. 광각 렌즈로 플래시 촬영을 할 때, 광각 판넬에 맞추면 플래시가 짧은 거리를 넓은 각도로 발광을 하며 망원 렌즈로 플래시 촬영을 할 때 망원 판넬에 맞춰 발광시키면 좁은 각도로 먼 곳까지 플래시광이 도달할 수 있다. 그런데 판넬의 종류가 틀린다든가 신축의 세트를 바꾸어 쓴다든지 하면 엉뚱한 상황이 발생할 수도 있다. 광각용 판넬을 망원 쪽에 사용하면 광량이 조금 줄어드는 것으로 끝나지만 망원용 판넬을 광각 쪽에 사용하면 스포트라이트처럼 화면의 중앙에만 조명된다. 여러 사람이 기념 촬영하는 사진이라면 완전히 버리게 된다. 판넬의 세트에는 언제나 주의하도록 하자. 최신식의 AF카메라의 전용 플래시는 주밍에 맞춰서 자동적으로 광량, 조사각, 조사 거리를 조정해 주는 것도 있어 편리해졌다.

[왼쪽] **광각 렌즈에 망원 판넬을 사용한 경우**
　망원 판넬은 플래시의 조사 범위가 좁아 35mm 렌즈의 화각 속에 스포트라이트를 씌운 듯 찍힌다.

[오른쪽] **망원 렌즈에 광각 판넬을 사용한 경우**
　광각 판넬은 플래시광을 넓게 비추므로 주피사체에 닿는 광량이 조금 감소되어 노출 부족이 된다.

## 바운스 촬영을 했더니 이상한 색이 씌워졌다. 왜 그럴까?

하얀 의상은 푸른 기를 띠기 쉽다.

인물의 의상이 빛을 반사하는 천이든가 바운스로 빛을 반사시 킨 곳이 색깔이 있는 천장이나 벽일 때 반사한 뒤의 광선은 그 색 을 띠게 된다.

## 슬로 싱크로로 촬영했더니 사진에 형광등 색을 띠었고 배 경 색이 날아가 버렸을 경우에는 이렇게?

전등이 텅스텐 전구(백열전구)라면 강한 적색이 플래시로 보 정되어 인물 사진을 찍을 때 분위기 좋은 적색을 띤다. 그러나 형 광등은 그렇지 않다. 형광등의 독특한 녹색광은 플래시광과 섞여 깨끗한 색으로 보이지 않는다. 형광등의 빛은 지저분하므로 플래 시를 사용할 때는 될 수 있는 한 고속 싱크로를 사용하는 것이 좋 다. 텅스텐 전구와 비교할 때 형광등은 상당히 밝기 때문에 슬로 싱크로 촬영을 해보면 형광등에 비춰지는 배경이 하얗게 날아가 버리곤 한다. 이럴 때 매우 부자연스러운 사진이 된다.

## 개방에 가까운 조리개로 태양광 아래 플래시를 사용했더니 배경이 날아가 버렸을 때는?

대낮의 싱크로는 배경의 노출도 주의하자.

고속 셔터가 1/4000초 또는 1/8000초가 되어버린 요즈음, 싱크로 속도 1/250초도 드문 게 아니다. 회사의 카탈로그나 카 메라 잡지에는 고속 싱크로의 특징으로 대구경 렌즈가 조리개 개방된 채로 사용될 수 있다고 씌어져 있다. 그러나 언제나 조리개 개방으로 쓸 수 있다고는 할 수 없다. 예를 들면 조리개값 F1.8 의 렌즈를 대낮에 사용할 때 셔터 속도는 1/2000초 정도이다. 이 밝기는 플래시로 대낮에 싱크로시킬 때도 바뀌지 않는다. 배경의 밝기는 1/2000초 F1.8이니까 1/250초에 F1.8로 찍으면 역광의 얼굴은 적정 노출이 된다 하더라도 배경은 3단 조리개 이상 오버된다는 계산이 나온다. 이럴 때는 배경과 인물을 균형 있게 재현하기 위해서 F4까지 조이지 않으면 안 된다.

## 플래시를 발광했는데 먼 곳의 얼굴(인물)이 어둡게 됐다. 왜 그럴까?

플래시의 조광 범위를 알아두자.

플래시의 조사(채광)거리는 가이드넘버(GN)와 렌즈의 조리개로 결정된다. 예를 들면 GN30의 플래시를 완전 발광시켰을 경우(ISO100), 조리개값이 F2라면 15m, F4라면 7.5m, F8이라면 3.7m, F16이라면 2m가 각각의 적정 노출이 된다. 오토 플래시라면 여기에 씌어진 거리를 최장 거리로 하여 F2라면 2~15m, F4라면 1~7.5m, F8라면 0.5~3.7m가 적정 조광 범위다. 물론 이 범위 안에 들어

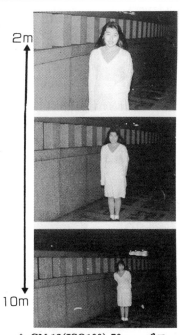

⇧ GN.12(ISO100) 50mm 렌즈
1/60초 F4

있지 않으면 노출 오버나 노출 부족이 된다. 플래시를 쓸 때는 조광 범위를 잘 생각해서 촬영하도록 한다.

## 순광의 야외 촬영 사진 중 인물의 피부색이 하얗게 돼버렸을 때 어떻게 하면 좋은가?

가장 손쉬운 방법은 빛을 받은 하얀 피부에 대해 적정한 노출을 하면 좋지만 그렇게 하면 하얀 피부 이외의 머리카락이나 양복 등이 노출 부족이 된다. 하이라이트부터 쉐도부까지의 계조를 폭 넓게 재현하고 싶다면 밝은 곳과 어두운 곳의 노출차를 작게 해주면 된다. 플래시를 사용하는 경우 싱크로 촬영이나 반사판을 사용하여 쉐도부를 가능한 한 밝게 해주는 방법이 일반적이다. 이와 같은 순광의 노출은 카메라 노출값보다 +0.5~+1 정도로 보정시키면 좋다.

## 사진에 뿌연 곳이 있다. 왜 그럴까?

렌즈에 빛이 들어간 것이다. 피사체 방향에서 렌즈를 향하여 강한 빛이 비쳤을 때(역광 상태)에 일어나는 현상으로 플레어라고 부르고 있다. 렌즈 표면이나 렌즈 경통에, 또는 카메라 보디(몸체)안에서 빛이 난반사하여 필름에 도달하여 찍힌 것이다. 강한 빛이 직접 렌즈에 닿지 않도록 렌즈후드를 다는 것이 효과적이다. 또한 플레어는 역광 상태뿐만 아니라 렌즈가 더러워졌거나 상처가 있어도 생길 수 있다.

---

### 같은 상황의 플래시 촬영 중 피부색이 다르게 나오는 것은 옷색깔 때문인가?

의상 색깔에 따라 플래시 광량도 변화한다.

만일 촬영시 의도적으로 노출값을 바꾸지 않았는데도 피부색이 달라진 것은 복장 때문이다. 검은 옷의 인화는 약간 노출 오버가 되고 빨간 의상은 적정 프린트이다. 오토 플래시는 피사체에 닿아 반사해 오는 빛의 양을 조절해서 적정 노출해 주지만, 피사체가 검으면 보다 강한 플래시광을 내도록 되어 있어 결과적으로 노출 오버가 돼버린다. 검은 의상일 때에는 노출을 조금 마이너스로 보정해 주면 적정이 된다.

## 렌즈후드

햇빛이나 전등의 불빛, 모래나 눈 등에서 비춰지는 강한 반사광이 렌즈에 바로 들어가지 않도록 하기 위해 렌즈후드를 단다. 이 렌즈후드는 렌즈를 보호해 주는 역할도 한다.

# 노출계

노출계는 노출을 정확하게 재는 장치로서 요즈음 카메라에는
대부분 내장되어 있다. 노출 측광 방식에는 피사체의 표면에서
반사되어 돌아오는 빛을 측정하여 노출을 재는 반사광식과 실제
로 피사체에 와 닿는 빛을 측정하는 입사광식이 있다. 카메라에
내장된 노출계는 반사광식이다.

## 이럴 땐 어떻게?

같은 광선의 상황에서 입사광식과 반사광식 노출계는 같은
측광치가 나올까?

카메라에 내장된 노출계와 단독 노출계를 같이 쓰고 있는 사람이 꽤 있다. 여러분들도 두 개 모두 있다면 반드시 비교해 보도록 하자. 그러나 이 두 가지는 기본적으로 성질이 다르다. 카메라 내장 노출계는 반사광식, 단독 노출계는 입사광식이다.

입사광식은 피사체를 반사율 18%인 중간 농도로 가정하고 필름의 래티튜드(관용도)를 중심으로 노출값이 나오도록 연산되어 있다. 거기서 피사체에 맞는 조도를 재어 두어 반사광식과 같은 피사체의 반사율의 영향에 의한 노출 오차가 안 생기게 된다. 그래서 입사광식, 반사광식으로 동시에 재도 노출값은 틀리게 된다. 보다 정확하게 노출 측정이 되는 것은 반사율에 영향을 받지 않는 입사광식이다.

## 입사광식과 반사광식 노출계의 바른 측정 방법은?

(카메라 내장의 반사광식)

－반사율 18%의 중간 농도에 가까운 피사체를 측광한다. 인물에서는 피부, 풍경에서는 푸른 하늘 등인데 자동 노출 잠금 장치(AE Lock)를 활용한다. 광선이 균일한 상태에서는 자동 노출만으로도 충분하다.

－자기 카메라의 측광 감도 분포를 외운다. 중앙 중점 평균, 중앙 중점(부분 측광), 스포트 측광 등

입사광식

－피사체의 위치에서 카메라 렌즈의 수광구를 향하여 측정한다. 역광의 경우, 여분의 빛이 있을 경우 손으로 막는다.

－원경의 경우, 피사체 가까이에 접근하는 것은 어려우나 수광구를 수직, 수평으로 하여 측정하면 된다.

## 노출계

스포트 측광식     반사식     입사식

# 모터 드라이브

모터 드라이브를 장착하면 연속 촬영을 할 수 있다. 필름 감는 조작을 자동으로 하기 때문에 찬스를 놓칠 염려가 없다.

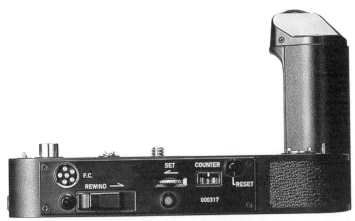

⇧ AE모터 드라이브의 뒷모습

⇧ 와인더―초당 1~2컷 촬영 가능

⇧ 모터 드라이브―초당 4컷을 촬영할 수 있다.

# 제4장 필 름

\* 고감도 필름의 사용

# 필름의 원리와 구조
## 필름의 구조와 역할

우리가 사용하는 필름은 얇은 셀룰로이드에 빛에 예민한 감광약이 발라져 있는데, 그 구조는 어떤 구조로 되어 있을까? 필름의 단면을 통해 알아본다.

**보호층** : 유제층의 손상을 방지하는 층으로 얇은 젤라틴으로 덮여 있다.

**유제층** : 에멀션층 또는 감광제층이라고도 하는데 빛에 대해 화학적 반응을 일으키는 층으로서 젤라틴과 할로겐화은을 섞어 만든다.

**하부 접착층** : 필름베이스와 유제층을 접착시켜 준다.

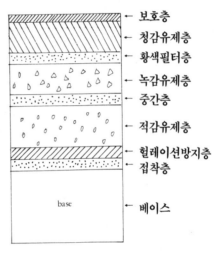

**필름 단면도**

- 보호층
- 청감유제층
- 황색필터층
- 녹감유제층
- 중간층
- 적감유제층
- 헐레이션방지층
- 접착층
- 베이스

**베이스** : 필름을 지지하는 역할을 하며 플라스틱으로 되어 있다.

**헐레이션 방지층** : 유제면을 통과한 빛이 필름베이스에 반사되어 다시 유제층에 감광되는 것을 방지한다.

## 이럴 땐 어떻게?

> **필름이 끊어졌다. 어떻게 하면 좋은가?**

필름이 끊어졌어도 포기하지 말고 현상소로 가져가자.

되감을 때 뻑뻑한 것을 무리하게 돌리면 필름이 끊어지는 것은 당연하다. 문제는 왜 뻑뻑해졌을까 하는 것이다. 원인은 두 가지 이다. 하나는 되돌리는 보턴이나 레버를 조작하지 않고 돌리려고 했기 때문에 스프라켓(필름을 돌리기 위한 톱니바퀴)이 역회전 하지 않았을 경우이며, 또 한 가지는 필름을 규정 매수 이상으로 감으려 했기 때문에 퍼포레이션(perforation)이 끊어져 패트로 네(필름통)의 입구에 걸린 경우이다.

필름은 필름돌리는 스풀 (spool)에 감겨져 있기 때문에 다크백(dark-bag) 속에서 빼내 어 패트로네에 넣든지, 그대로  현상소에 가져가 빼내는 수밖에는 다른 방법이 없다. 만약 필름 이 끊어졌다면 그 상태를 현상소에 이야기해 줘야 한다.

## 마지막 필름을 감을 때 뻑뻑했는데 무리해서 촬영해도 괜찮은가?

무리하게 감으면 필름이 잘리기도 하고 되감기가 안 되기도 한 다. 표시 매수보다 많이 촬영할 수 있었던 것은 안정성을 높이기 위한 필름 메이커의 덤이다. 중요한 장면이 마지막 화면이 될 것 같으면 필름을 바꿔 넣고 촬영하는 것이 좋다.

## 필름의 결로(結露)는 별로 좋지 않다고 말하는데 어떤 때 일어나는 것인가?

냉장고 보관 필름은 주의하자!

결로라는 것은 물체와 공기의 온도 차이에 의해 공기 중의 수증기가 물방울이 되어 물체 표면에 부착되는 것을 말한다. 온도 차가 적으면 결로는 생기지 않는다. 추운 곳에서 갑자기 난방이 잘된 실내로 필름(뿐만 아니라 카메라, 렌즈도)을 갖고 들어오거나 하면 결로 현상이 생긴다. 필름에 따뜻한 공기가 직접 닿지 않도록 의류로 싸거나 천천히 온도차에 익숙해지도록 해주면 결로는 생기지 않는다.

## 필름의 유효 기한이 지났다. 사용할 수 있을까?

사용하지 않는 것이 현명하다. 사용할 수 있는 경우와 사용할 수 없는 경우가 있으나 보존 장소의 상태에 따라서는 기한 내의 필름일지라도 사용할 수 없을 정도로 변하는 경우도 있다. 필름 보관에 있어서 좋지 않은 조건은 고온 다습이다. 필름이 가구 안에 보관되어 있었다면 방충제로 인하여 발생되는 포르말린 가스도 상당히 나쁜 영향을 끼친다. 촬영 전의 필름은 촬영해서 현상해 보지 않고서는 그 상태를 알 수 없기 때문에 만일을 위해서 사용하지 않는 편이 좋다.

## 카메라 속에 꽤 오래 전에 찍었던 필름이 들어 있다. 사진은 괜찮을까?

찍었다면 바로 현상해 보자.

필름이 들어 있는 카메라 보존 상태에 의해 정도는 달라진다. 한마디로 모든 경우를 다 괜찮다고 말할 수 없다. 단, 시간이 갈수록 좋지는 않을 것이라는 사실은 확실히 말할 수 있다. 촬영했다면 필름은 가능한 한 빨리 현상하는 것이 철칙이다. 엄밀히 말해서 빛을 받은 필름(유제)은 그 시점부터 조금씩 조금씩 화학변화를 시작하기 때문에 촬영 후 시간이 지나면 지날수록 화질은 나빠진다.

## 필름의 감도

감도란 필름이 빛에 반응하는 속도를 의미한다. 앞에서 설명한 대로 필름의 유제층은 빛을 받으면 화학적 반응을 일으키는 할로겐화은으로 되어 있다.

이 할로겐화은 입자 크기에 따라 빛에 대해 반응하는 속도가 각각 다르다. 할로겐화은 입자가 커서 빛에 대해 빨리 반응하는 필름을 고감도 필름이라 하고, 할로겐화은 입자가 작고 많아 빛에 대해 느리게 반응하는 필름을 저감도 필름이라 한다. 고감도 필름은 빛에 대해 빠르게 반응하기 때문에 입자가 거친 반면 빛이 부족한 장소에서나 빠른 셔터 속도를 필요로 하는 장면 촬영(주로 스포츠 사진)에 적합하다. 저감도 필름은 빛에 대해 느리게 반응하고 입지가 고와서 장시간 노출을 필요로 하는 징물 묘사에 적합하다.

이와 같은 감도는 ASA 또는 ISO라는 기호로 표시되는데 ASA는 American Standard Association(미국 표준협회), ISO는 International Organization for Standardzation(국제 표준화 기구)의 약자이다. ASA 또는 ISO가 64, 100, 125 를 중감도 필름, 25, 32, 40 등 그 이하는 저감도 필름, 200, 400, 1000 등은 고감도 필름이라 한다. 중감도 필름(ASA100)은 일반인이 가장 많이 사용하는 필름으로서 색상 재현이 뛰어나고 선과 입자가 고르다. ASA 400은 ASA 100보다 감도가 4배 정도 빠르기 때문에 셔터 속도도 빠르게 할 수 있어(조리개를 ASA 100보다 더 조일 수 있고, 셔터 속도를 ASA 100보다 더 빠르게 설정할 수 있어) 심도 깊은 촬영이나 빠르게 움직이는 물체 촬영 또는 빛이 약한 장소에서 하는 촬영에 적합하다.

ISO 100에서 F11, 1/125초가 적정 노출일 때 ISO 50, ISO 200 필름과의 관계

| 구분 | 셔터를 1/125초로 할때 | 조리개를 F11로 할때 |
|------|------|------|
| ISO 50 | F8 | 1/60 |
| ISO 100 | F11 | 1/125 |
| ISO 200 | F16 | 1/250 |

# 필름의 특성

### 필름의 입상성(graininess)
할로겐화은 입자의 배열 상태를 나타내는 것으로서 입자가 곱고 거칠다는 표현을 사용한다. 감도가 빠르면[고감도 필름] 입자가 거칠고 감도가 느리면[저감도 필름] 입자가 곱다.

### 콘트라스트(contrast)
필름이 피사체의 밝고 어두운 것을 나타내는 데에 있어 그 차를 어느 정로 뚜렷하게 나타내느냐 하는 차이, 즉 명암의 차이를 말한다. 희고 검은 부분을 뚜렷이 나타내는 것을 콘트라스트가 높다고 하고, 구별이 뚜렷하지 않는 것을 콘트라스트가 낮다고 한다.

### 노출의 관용도(Latitude of exposure)
적정 노출에 필요한 조리개값이나 셔터 스피드값에서 1~2단

계 벗어나도 적정 노출에 커다란 지장이 없는 것을 말한다. 흑백
필름이 컬러필름보다 관용도가 좋다

### 감색성
필름이 색깔에 대해 느끼는 성질을 말한다.

## 컬러 필름의 종류
컬러필름에는 컬러 리버설 필름과 컬러 네거티브 필름이 있다.
컬러 리버설 필름으로 촬영한 것을 현상해 보면 피사체의 명암
과 색이 그대로 재현되는데, 컬러 슬라이드 필름이라고도 한다.
이 필름은 노출에 대한 관용도의 폭이 극히 좁다. 컬러 네거티브
필름은 현상해 보면 피사체의 명암이 반대로 나타난다. 이 필름
은 노출에 대한 관용도의 폭이 넓어 일반적으로 많이 사용된다.

# 제 5 장  상황별 촬영법

＊광선에 주는 효과를 고려하여 촬영을 하자

## 세로 위치의 사진도 찍어 본다

초보자가 찍은 사진은 대부분 가로 사진이다. 사람의 눈이 위아래보다는 좌우로 넓은 시야를 볼 수 있도록 되어 있고 카메라 또한 가로로 잡고 찍도록 되어 있기 때문이다. 풍경, 스포츠, 단체 사진 등은 넓은 느낌을 주면서 빠르게 움직이는 것을 찍어야 하기 때문에 가로로 찍는 것이 편리하지만, 인물 사진이나 건물을 올려보는 등 높이를 필요로 하는 장면을 찍을 때는 세로로 찍는 것이 좋다. 하지만 "옆으로 넓으니까 가로 사진, 세로로 기니까 세로 사진"이라는 고정 관념으로 단정짓지는 말자. 일단 평범에서 벗어나기 위해서는 세로 위치로도 사물을 관찰하는 습관을 들이자.

### 수평 구도와 수직 구도

⇨ 세로 위치로 찍은 사진
⇩ 가로 위치로 찍은 사진

## 가까이 다가가서 찍어 본다

전체 장면을 화면에 다 담고자 할 때에도 좀더 가깝게 피사체에 접근하여 찍어 보자. 복잡한 배경은 배제되고 주제는 보다 강조될 것이다. 촬영 거리의 변화에 따라서 사진의 내용과 전달 효과도 달라진다는 점을 명심하자.

## 눈 위치에서의 촬영을 벗어나 본다

위에서 아래로 내려 찍는 하이앵글의 특징은 전체적인 상황을 포착할 수 있고 설명적인 묘사를 할 수 있다. 따라서 고도감이나 인물의 입체감을 살릴 수 있지만 다소 불안정한 느낌을 준다. 아

⇧ 허리 높이에서 촬영

⇧ 하이 앵글

래에서 위로 올려 찍는 로 앵글은 인물의 전신 촬영에서 실제 이
상으로 다리를 길게 보이며, 건축물에서는 장엄하게 보이게 해서
다이내믹한 표현이나 위압감을 나타낼 때 흔히 쓰인다. 초보자는
대개 눈 위치에서만 촬영을 하려고 하나 그렇게 하지 말고 고정
관념에서 벗어나 앵글을 바꿔 보도록 하자.

⇧ 로 앵글

## 피사계심도를 염두에 두고 찍어 본다

피사계심도를 이용하여 찍는다. 인물과 배경을 둘 다 선명하게
찍고 싶을 때는 인물과 배경 사이의 거리를 좁히든가 또는 거리
를 좁힐 수 없는 장소일 때는 촬영자가 뒤로 물러나서 찍는다. 인
물 사진의 경우 배경이 복잡하면 주제인 인물이 약하게 되므로
가급적 단순한 배경을 선택해서 찍는데 약간 어두운 곳이 좋다.
배경이 밝으면 배경과 인물이 뭉쳐져 찍히기 때문이다. 아름다운
풍경을 배경으로 하여 인물 사진을 찍을 경우는 주제가 배경에
눌리기 때문에 피사계심도를 얕게 하여 배경을 흐리게 하는 편이

좋다.

⇧ 인물 사진의 경우 단순한 배경을 선택하고 심도를 얕게 하여 촬영하면 주제
인 인물이 강조된다.

## 물체의 움직임을 고려해 적절한 셔터 속도를 선택
한다

대부분 움직이는 피사체라면 1/250초면 정지 상태로 포착힐
수 있다. 스포츠 장면의 촬영과 같이 아주 빠르게 움직이는 경우
는 1/500~1/1000초 정도면 된다. 움직이는 물체는 셔터 속도
를 느리게 하여 찍으면 물체가 화면 속에서 흘러서 동적인 효과
를 볼 수 있다. 또한 1/60~1/125초 정도의 느린 셔터 속도로
움직이는 피사체를 따라가며 찍으면 움직이는 피사체는 정지한
모습으로 보이고, 배경이 흘러서 역시 동감(動感)을 느낄 수 있
다. 움직이는 물체라고 해서 무조건 셔터 속도를 빠르게 하여 찍
지는 말자.

⇧ 빠른 셔터를 사용하여 사물을 정지되게 표현할 수 있다.

⇧ 느린 셔터로 움직이는 피사체를 따라가며 찍었다.

# 광선이 주는 효과를 고려하여 촬영을 하자

● 광선의 방향과 묘사와의 관계

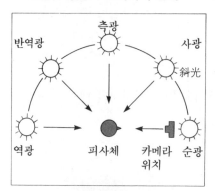

측광

순광

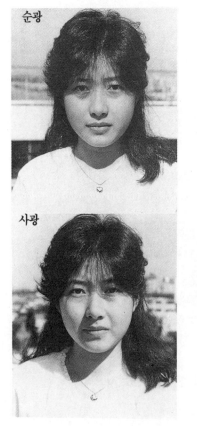

반역광

사광

역광

**순광:** 촬영자가 태양을 등지고 찍는 촬영으로 비교적 많이 찍는 방향이다. 촬영 대상이 햇빛을 정면으로 받기 때문에 얼굴에 그늘이 없어 입체감이 없고 눈이 부셔서 자칫 찡그리는 모습을 카메라에 담기 쉽다. 그러나 피사체와 색감을 가장 잘 묘사할 수 있는 방향이다.

**역광:** 피사체가 태양을 등지고 있고 촬영자가 태양을 바라보며 찍는 위치이다. 태양 광선의 영향으로 노출을 결정하기 힘들다. 피사체의 윤곽만 나타나는 실루엣 촬영을 할 수 있으며 피사체의 자세한 부분까지 표현하고 싶을 때에는 노출을 많이 주어야 하며 렌즈에 빛이 직접 닿지 않도록 한다.

**사광(표준광):** 피사체 앞에서 45도 방향으로 빛이 비쳐진다. 피사체의 밝은 부분과 어두운 부분의 균형이 잘 맞아 입체감이 뛰어나다.

**역광 촬영**　⇧ **부드러운 느낌이 들며 입체감이 뛰어나다**

**측면광:** 피사체 옆에서 빛이 비쳐진다. 입체감은 뛰어나지만 밝은 부분과 그늘 부분 간의 대비가 크다.

⇧ 역사광에 의한 촬영

⇧ 사광 아래의 촬영

⇧ 실루엣 촬영

## 수평선의 위치를 고려한다

수평선은 사진을 양분(兩分)하는 선이기 때문에 수평선으로 나뉘어진 부분 중 더 넓은 부분이 자연히　강조된다. 즉 전경을 강조하고 싶을때는 수평선의 위치를 높이면 되고

\* 수평선이 화면의 한가운데 놓여 있어 어느 것을 강조하고자 하는지 알기 어렵다.

하늘을 강조할 때는 수평선의 위치를 낮추면 된다. 보통의 경우 화면을 삼등분했을 때 1/3위치나 2/3위치에 수평선을 두면 안정적이다.

\* 화면의 윗부분이 강조되었다.

\* 화면의 아랫부분이 강조되었다.

## 셔터 찬스를 놓치지 않는다

정확한 셔터 찬스는 미묘한 표정 변화는 물론 동적이고 극적인 순간을 포착함으로써 감동적인 사진을 만들 수 있다. 감격적인 순간이라도 셔터 찬스가 좋지 못하면 전혀 다른 인상의 사진이 되어 버리는 경우가 있다.

* 셔터 찬스를 놓치지 말자.

## 교환 렌즈를 사용해 본다

* 와이드 촬영

* 텔레 촬영

### 주제를, 화면 주변에 배치해 본다

주제를 화면 중앙에 배치하는 것은 오직 주제만을 강조하고 싶을 때이다. 그러나 중앙을 피해 화면의 주변부에 주제를 배치하면 주제뿐만 아니라 주제가 놓인 배경까지도 보는 이의 시선을 끌게 한다.

\* 인물을 화면 주변부에 배치해 보자.

## ISO400 필름도 사용해 본다

ISO100 필름을 사용했을 때 셔터 1/60초, 조리개 F5.6이 적정 노출이라면 ISO400 필름에서는 같은 조리개값으로 셔터를 1/500초를 사용할 수 있으며 또는 같은 셔터 속도(1/60초)로 조리개를 F11까지 조여서 사용할 수 있다. 빠르게 움직이는 물체를 포착하고 싶을 때나 빛이 부족한 상태에서 찍을 때는 고감도필름을 사용해 보자. 상황에 따라 ISO100 필름에서 벗어나 보자.

## 전경을 넣어 본다

전경은 어떠한 경우라도 주체(主體)를 뚜렷하게 부각시켜 주는 역할을 한다. 주체에 대한 방해물이라고 생각하지 말고 가끔 이용해 보는 것이 좋다. 가까운 것은 크게, 멀수록 작게 찍히는

것이 사진이다. 원경만을 찍으면 육안으로는 크게 보여도 사진에
는 작게 찍힌다. 이와 반대로 가까이 있는 것, 즉 전경은 보기보
다 크게 찍힌다. 이 점을 이용해서 원근감을 나타내고 입체감을
강조할 수 있는데, 경우에 따라서는 전경을 극단적으로 크게 잡
는 것도 하나의 방법이다.

  이처럼 원근감을 강조하면서 주체를 강조하려면 전경은 빼놓
을 수 없는 것이다. 원경만 찍혀 있고, 그 원경의 아름다움이나
힘참을 강조하기 위한 전경이 없으면 화면 전체가 평면적인 것이
되고 만다. 다만, 촬영하는 주제에 알맞지 않은 것은 피한다. 전
경 삽입의 한 방법으로서 나뭇가지 사이로, 교각 사이로, 터널의
출구를 통해서, 나무의 줄기 사이로, 건물의 기둥 사이로 맞은편
을 투시해서 촬영해 보는 것도 화면 효과를 높인다.

* 전경의 배치

## 구도를 이해하자

사진을 구성하는 것은 선과 면이다. 건물, 풍경, 인물 등 모든 것을 선과 면으로 분해할 수 있다. 그 선과 면을 어떻게 처리하느냐에 따라서 사진은 달라진다.

**수평선**-옆으로 흐르는 수평선과 그 면은 정적이고 부드러운 분위기를 표현한다.

**수직선**-세로로 달리는 수직선과 그 면은 동적인, 약동하는 느낌을 준다. 깍아지른 듯한 골짜기나 산을 세로로 찍으면 더 한층 박력 있어 보인다.

**사선**-피사체에 따라 정적인 것과 동적인 것이 합치된 중간적인 느낌을 주며, 미적으로 아름다운 것이 많다. 사선형 구도는 한편으로 기울어지는 느낌이나 흘러가는 느낌이 표현되며 활동적·유동적인 인상이 강조된다

**원형**-화면 중앙부 부근에 모티브를 두는 구도로 가장 일반적인 형식이지만, 변화성이 조금 부족하다. 초상화 사진 등에 많이 이용되는 구도로 부드럽고 우아한 느낌을 준다.

**삼각형(역삼각형)**-화면 중앙부에 피사체의 중요한 부분이 삼각형으로 배치된 구도로 삼각형 구도는 안정감·중량감을 주지만, 역삼각형 구도는 그 반대의 느낌을 준다.

**S 자형**-화면 뒷부분에서부터 S자 또는 Z와 같은 선의 흐름이 느껴지는 구도로 화면에 입체감과 움직이는 감을 준다.

**대칭**-동적인 느낌이나 변화는 별로 없지만 균형이 잡힌 구도이다.

## 관광지의 기념 사진

관광지에서 기념 사진을 찍을 때는 대부분 풍경을 전체적으로

다 넣으려고 욕심을 부리게 된다. 이런 사진에서는 인물이 작게 찍혀 얼굴 등의 세부 묘사가 부족하다. 인물을 크게, 풍경도 넓게 찍을 수 있는 방법은 카메라와 인물을 가깝게 하고 인물과 배경 사이에 거리를 두면 된다. 이때 초점은 인물의 눈에 맞춘다.

배경이 아름다울 경우 인물과 배경이 모두 선명하게 묘사된 사진으로 만들기 위해서 조리개를 조여서 찍는다(팬포커스 ; pan focus). 풍경이 그다지 좋지 않은 곳에서는 조리개를 열어서 인물만 선명하게 하고 풍경은 흐리게 처리한다(아웃 오브 포커스 ; out of focus).

## 여러 사람을 찍는 경우

우선 사람을 정리한다. 앞 줄은 앉게 하거나, 어린이나 키가 작은 사람은 앞 줄로 오게 하여 뒷줄에 있는 사람들의 얼굴이 잘 보이도록 한다. 집합한 인물이 3열까지인 경우는 초점을 가장 앞 줄에 맞추고, 4열 이상인 경우는 2열에 초점을 맞추면 앞 줄에서 뒷줄까지 초점이 맞는다. 조리개는 피사계심도를 깊게 하기 위해 F8 이상으로 조인다. 이 경우 적정 노출이 되기 위해서 조리개를 조인 만큼 셔터 속도는 느리게 하고 만약 날씨가 흐려 셔터 속도가 1/30초 이하로 나올 때는 카메라가 흔들릴 염려가 있으므로 삼각대를 사용해서 찍는다.

## 설경 촬영

눈을 배경으로 인물을 촬영했을 때 의외로 인물이 어둡게 나와 실망하는 경우가 많다. 눈이 쌓인 곳에서 눈으로 보는 느낌보다 실제로는 광선이 더 많으므로 노출에 주의해야 한다. 인물의 노출 부족을 방지하려면, 자동 노출로 찍을 경우는 노출 보정 다이

얼을 1단이나 2단 정도 올려서 찍거나, 조리개와 셔터를 조합해
노출을 정하는 경우는 노출계의 지시값보다 조리개를 1단이나 2
단 열어서 찍는다.

## 해수욕장 촬영

　바다에서의 촬영상의 주의점은 태양광이 강하기 때문에 인물
에 닿는 광선 상태에 따라서 명암의 차이가 강하게 나타나기 쉬
우므로 광선 상태를 잘 파악해야 한다.

# 7분신(分身) 포즈

7분신 상은 여자다운 보디 라인을 보여 주는 포즈가 포인트이다.

인물 사진 특히 여성 사진에서는 7분신의 사진이 많다. 전신상은 아무래도 멀리 떨어졌다는 느낌을 주어 박력이 모자라지만 7분신의 프레이밍(파인더 안에 넣을 화면을 정하는 것)이라면 허리까지의 움직임이 찍히므로 여성다운 몸짓을 잘 표현할 수 있고, 게다가 인물 가까이 카메라가 접근하므로 박력과 표정의 충분한 묘사가 가능하다는 장점이 있다. 7분신상으로 찍을 때의 포인트는 손과 발의 포즈뿐만 아니라 신체의 움직임에 변화를 주어야 한다는 데 있다. 따라서 막대처럼 뻣뻣하게 서는 일은 피하도록 한다.

## 부재(副材)를 사용해 본다

인물을 찍을 때 인물 표정이나 포즈만으로도 훌륭한 작품을 만들 수 있으나, 보통은 다소 설명적인 요소를 아울러 삽입함으로써 부족한 점을 보충하기도 한다. 그러므로 우선은 내용적으로 인물과 관련해서 부재를 생각하여야 한다. 그것이 인물의 표정이나 포즈를 강조하는 수단으로 사용되어도 무방하다. 이럴 때 부재는 인물에 대해서 도구적인 것일 수도 있고, 그러한 분위기를 조성하는 화면 바깥의 환경이 될 수도 있다.

어떻게 보면, 스냅이란 자연스러운 일상 생활에서의 주체와 부재의 관계를 포착한 인물 사진이고, 모델 촬영의 대부분은 이 자연스러운 일상 생활을 모범으로 삼아서 연출한 인물 사진이라고 할 수 있겠다.

## TV 화면 촬영

TV 화면에서 원하는 장면을 찍는 요령은 다음과 같다. TV 주사선이 나타나지 않도록 하기 위해서 느린 셔터 속도를 사용해야 하기 때문에 삼각대를 사용한다. 렌즈가 화면 중앙과 일치하도록 높이를 조절하고 파인더 내에 화면이 가득 차도록 접근시킨다.
불빛이 TV 화면에 반사되는 것을 막기 위해 실내등을 끈다.
ISO100 필름의 경우 셔터 속도는 1/8초, 조리개 F5.6 정도로
맞춰 찍고, 이보다 고감도 필름을 사용할 경우 셔터 속도는 그대
로 둔 채 조리개값을 한 단계씩 조여 주면 된다.

## 이럴 땐 어떻게?

카메라를 떨어뜨렸다. 후드에 상처가 났을 뿐이지만 괜찮
은가?

만약 돌 위에 카메라를 떨어뜨렸다면 사태는 심각하다.
염려해야 하는 것은 보디(몸체)뿐만 아니라 후드가 있어서 렌
즈는 괜찮을 것이라는 것은 여러분의 판단이다. 외관에 상처가

없더라도 렌즈에 이상이 있을 수 있기 때문이다.

## 비에 카메라가 젖어 작동되지 않을 때 어떻게 하면 좋을까?

카메라는 비에 약하니까 주의하자.

타올이나 우산으로 비를 가리는 정도만으로는 안 된다. 비 올 때에 장시간 사용하면 셔터버튼, 필름되감기 레버, 필름되감는 크랭크 등으로 물이 들어오는 수가 있다.

카메라가 비에 젖었다면 서비스 센터에 급히 가지고 가야 한다. 촬영이 끝난 필름은 잘 닦아 놓아야 한다. 빗속에서 촬영할 때는 비닐 레인코트 등으로 감싸면서 빨리 타월로 닦고 단시간 내에 촬영을 끝내도록 한다.

## 사진에 석양을 넣었더니 다른 화면까지 빨갛게 영향을 받았다. 어떻게 하면 좋을까?

헐레이션에 의한 경우도 있지만 보디 안의 누광에 의한 경우가 많다. 내부에서 반사되는 빛이 촬영한 화면 양 옆의 화면으로 흘러들어가 화면이 뿌옇게 되는 것이다. 그렇지만 이러한 현상은 반사 방지 처리가 제대로 되어 있지 않은 카메라의 보급기에서 주로 일어났었다. 고급 카메라라면 강한 빛이 닿아도 주변으로 빛이 흐르는 경우는 없다.

## 헐레이션이 생겼다. 어떻게 하면 막을 수 있을까?

　태양광을 렌즈에 넣지 않는다.

　헐레이션이라는 것은 렌즈를 통과해 온 매우 강한 빛이 필름의 유제를 빠져나가 필름베이스의 이면에서 반사하여 다시 유제를 감광하여 선명도를 저하시키는 현상이다. 필름에는 이러한 헐레이션을 방지하는 보완이 되어 있기 때문에 태양과 같은 강한 광원을 화면 내에 넣지만 않는다면 헐레이션은 일어나지 않는다. 태양 광선을 막기 위해서 렌즈 후드를 부착하는 것이 일반적이다. 후드라는 액세서리는 헐레이션을 막기 위한 것이다.

⇧ 태양광이 렌즈에 들어가 헐레이션이 생긴 경우 　⇧ 태양광이 렌즈에 들어가 고스트가 생긴 경우

## 고스트가 찍혔다!　고스트는 어떻게 하면 나오는가?

　고스트도 좋고 나쁨이 있다.

　고스트는 렌즈에 닿은 빛이 렌즈면에서 몇 번인가를 반사하여 잘 나타난 상 이외에 핀트가 흐려진 상이 겹칠 때 생긴다. 그 가운데에서도 조리개 형태를 한 고스트가 대부분이기 때문에 본 적이 있을 것이다. 이 고스트는 조리개 전면에서 반사가 일어났을 때에 생긴다. 막기 위한 방법은 후드나 그늘로 빛이 직접 렌즈에 닿지 않게 하는 것이다. 단, 일부러 고스트를 발생시켜 드라마틱

하게 보이게 하는 테크닉도 있다는 것을 알아두자. 물론 고스트
가 들어가면 화상은 선명하지 않게 된다.

## 색이 뿌옇게 되었다. 왜 그런가?

색이 뿌옇게 되는 것은 피사체 가까운 곳에 강한 색을 반사하
는 물체가 있을 때에 피사체가 그 반사 빛을 받아들이는 것을 말
한다. 잔디 위에 앉아 있는 사람은 녹색을 띠고, 색이 있는 벽 옆
에 선 사람은 그 벽색을 띤다. 또한 우산이나 텐트 속에 있는 사
람도 색을 띤 투명광에 의해 물든다. 플래시나 광선을 차단하는
판을 사용하면 보정할 수 있지만 완전히 방지할 수는 없다. 프린
트에서 보정할 수도 있지만 이 경우는 다른 색과의 밸런스가 맞
지 않게 되므로 보정하려고 생각하기보다는 효과적으로 사용하
는 수단을 생각하는 편이 좋다.

# 제6장 현상과 인화

## 현상 원리와 과정

촬영이 끝난 후부터 1장의 사진이 나오기까지는 현상과 인화라는 암실 작업 단계를 거쳐야 한다.

### 현상이란?

빛을 받아서 필름 유제층에 형성된 잠상을 눈으로 볼 수 있도록 하는 암실 작업이다. 현상은 다음과 같은 단계를 거친다.

**잠상**(潛像) → **현상**(現象) → **정지**(停止) → **정착**(定着) → **수세**(水洗) → **건조**(乾燥)

**1) 잠상** : 필름이 빛에 노출되어 에멀션층의 할로겐화은이 변화된 상태로서 눈으로 확인할 수 없다.

**2) 현상** : 필름을 현상탱크에 넣어 현상제를 주입하면 점차 영상이 나타난다. 빛을 받아 이원화된 할로겐화은 입자를 현상제를 사용하여 할로겐화합물과 금속은으로 분리한다.

**3) 정지** : 현상 시간이 길어지면 빛을 받지 않은 할로겐화은도 금속은으로 변화하므로 적정 현상 시간이 지나면 현상제의 작용을 중지시키기 위해 산성 용액에 넣는다.

**4) 정착** : 물체의 상이 맺혀져 있지만 아직 불안정한 상태이기 때문에 정착제를 사용하여 물체의 상을 고정시킨다. 할로겐화합물을 제거하여 빛을 받지 않은 부분은 투명해진다(현상 후 필름을 빛에 노출시키면 남아 있던 할로겐화은이 빛에 반응하여 금속은으로 변하기 때문)

**5) 수세** : 필름에 묻어 있는 화학 약품을 제거하기 위하여 흐르는 물로 잘 씻어 버리는 과정.

**6) 건조** : 물로 씻은 필름을 건조시킨다.

이렇게 현상처리된 필름을 네거티브라고 한다.

현상된 필름의 명암이 원래의 상태와 반대로 보이는 이유(실

제 밝은 부분이 필름에선 어둡게, 실제로 어두운 부분이 필름에
선 밝게 보이는 이유)는 피사체의 어두운 부분은 반사되는 빛의
양이 적어서 금속은이 엷게 얹혀져 밝게 보이고(투명해 보이고),
피사체의 밝은 부분은 반사되는 빛의 양이 많아 금속은이 두껍게
얹혀져 어둡게 보인다(불투명해 보인다).

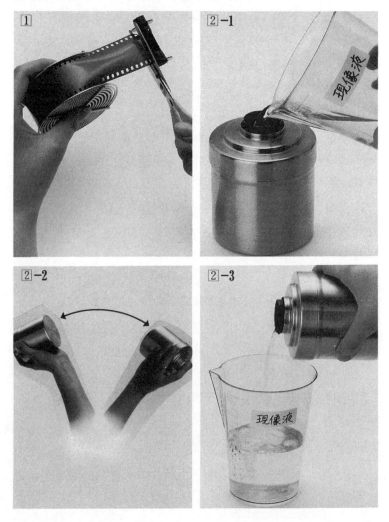

## 필름 현상 과정

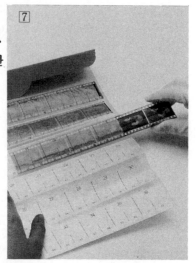

1. 필름을 릴에 감고 스풀을 잘라 낸다.

2. 릴을 탱크에 넣고 현상액을 주입한 후 섞고 따라낸다(현상).

3. 정지액을 주입한 후 따라낸다 (정지).

4. 정착액을 주입한 후 따라낸다 (정착).

5. 축심에 호스를 꽂고 물을 흘린다 (수세).

6. 네거 클립에 물려 말린다(건조).

7. 여섯 프레임마다 잘라 네거 홀더에 넣는다.

## 증감 현상

필름에 표시되어 있는 필름 감도보다 감도를 높여서 현상하는 것이다. 이는 노출 부족으로 촬영한 필름을 정상적으로 현상하기 위해 사용하는 방법이다. 더 빠른 셔터 속도를 사용해야 하지만 적정 노출 때문에 그렇게 할 수 없는 경우, 피사계심도를 깊게 하여 촬영하고 싶지만 적정 노출 때문에 더 이상 조리개를 조일 수 없는 경우 등은 필름 감도를 상황에 따라 400, 800 등으로 증가시켜 촬영을 하고 현재 필름이 ISO 200 필름이라면 이 필름보다 감도가 더 높은 필름을 사용하는 것처럼 가상하여 촬영 , 현상할 때 증감 현상액을 사용한다. 또는 보통의 현상액으로 현상 시간을 증가시키거나 현상 온도를 상승시켜 촬영시의 노출 부족을 보완해 주는 방법을 쓴다. 증감 현상을 하면 일반적으로 하프톤이 감소되고, 콘트라스트가 강해지며 입자는 거칠어지게 된다.

## 인화 원리 및 과정

인화는 네거티브의 상을 인화지에 옮기는 것을 말하며 아래와 같은 과정을 거친다.

**인화지에 노광 → 현상 → 정지 → 정착 → 수세 → 건조**

1) **노  광:**네거의 상을 인화지에 투영한다(전구의 빛과 확대 렌즈를 이용, 네거티브와 인화지를 맞붙여 굽는다). 이 인화지는 필름과 마찬가지로 빛에 반응한다.

2) **현  상:**감광된 인화지를 현상액에 담그면 물체의 상이 나타난다.

3) **정지 · 정착:**현상제의 작용을 중지시키기 위하여 묽은 산으로 중화시킨다. 그리고 사진의 상을 안정시키기 위해 정착액에 알맞게 담근다.

4) **수세 및 건조:**정착액을 씻어 낸다. 건조되면 포지티브(양화)가 된다.

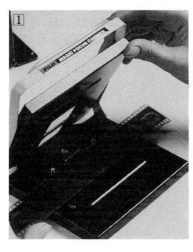
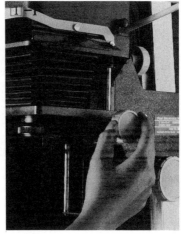

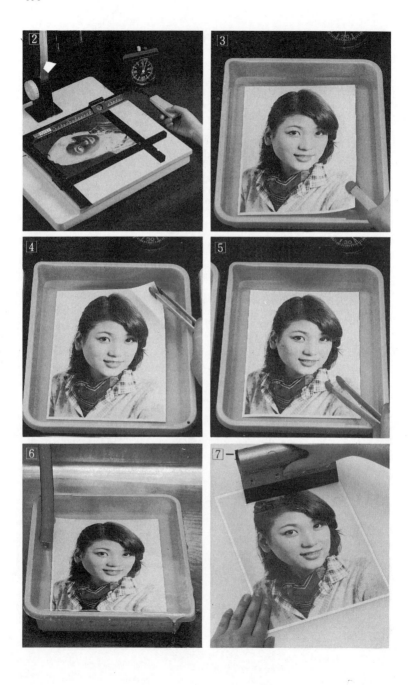

**확대 인화 과정**

① 확대기에 네거필름을 넣고 확대
사이즈를 정한다.

② 이젤에 인화지를 세팅하고 노광
시킨다.

③ 현상약에 넣는다.

④ 정지액에 넣는다.

⑤ 정착액에 넣는다.

⑥ 물로 씻는다.

⑦ 말린다.

# 제7장   카메라, 필름, 사진의 보관법

## 카메라

먼지나 습기에 특히 주의한다. 렌즈나 카메라 내부의 먼지는 블로어로 떨어낸 후 부드러운 천으로 닦아낸다. 렌즈에는 지문이 묻지 않도록 주의하자.

## 필 름

**사용하지 않은 필름의 보관**   습기가 차지 않도록 비닐 봉지로 잘 싸서 냉장고에 보관한다.

**촬영이 끝난 필름**   촬영 후 바로 현상소에 맡긴다. 오래 되면 색상이 변한다.

**현상과 인화가 끝난 필름**   촬영 데이터(촬영 일시, 장소, 내용 등)를 간단하고 분명히 기재하여 보관한다. 요즈음은 현상된 필름만 따로 보관할 수 있는 앨범도 있으니까 적절하게 이용하자.

## 사 진

사진은 반드시 정리를 해두자. 버릴 사진은 과감히 버리고 잘 나온 사진은 확대하기도 하고 확대한 사진을 트리밍도 하여, 그때그때 정리해 두는 습관을 들이자.

# 제8장 부 록

* 사진 용어 해설
* 카메라 선택
* 찾아보기 이럴 땐 어떻게

# 사진 용어 해설

**가이드 넘버**(guide number)  플래시 촬영에서 촬영 거리에 따른 조리개값을 알 수 있도록 제조자가 플래시에 부여해 둔 번호이다. 수치가 커질수록 광량이 많아진다. 가이드 넘버를 거리로 나누면 설정해야 할 조리개값이 나온다.

$$조리개값 = \frac{GN}{촬영 거리}$$

GN = 조리개값 × 촬영 거리

**간접광**(indirect light)  피사체에 직접 닿지 않는 라이팅. 바운스드 라이트(bounced light), 디퓨즈 라이트(diffuse light, 散光), 반사판에 의한 빛 등 피사체에 그림자가 생기지 않도록 하여 부드러운 묘사에 알맞은 라이팅이다.

**감도**(sensitivity)  필름이나 인화지가 빛에 감응하는 정도를 숫자로 나타낸 것. 필름의 유제층은 빛이 닿으면 화학적 반응을 일으키는 할로겐화은으로 되어 있는데, 이 할로겐화은은 입자 크기에 따라 빛에 대해 반응하는 속도가 각각 다르다. 이 입자가 커서 빛에 대해 빨리 반응하는 필름을 고감도 필름이라 하고, 입자가 작고 많아 빛에 대해 느리게 반응하는 필름을 저감도 필름이라고 한다. 현재는 국제적인 표시로서 ASA[미국 표준 규격] 또는 DIN[독일 산업 규격]을 토대로 ISO를 사용하고 있다.

**고스트 이미지**(ghost image)  촬영 화면 안에 태양빛 같은 강한 빛이 들어오면 렌즈 내면에서 반사하여 광원과 대칭적인 화면위에 생기는 빛무리(플래어, flare)와 같은 흐린 상. 코팅에 의해 어느 정도 방지할 수 있지만 강력한 광원은 조리개 모양으로 나타난다.

**고정 초점 카메라**(fixed focus camera)　초점거리가 짧고 F넘버가 낮은 렌즈는 피사계심도가 깊은데, 이를 이용해서 「과초점거리」에 초점을 맞춰 두면[고정시키면] 어떤 거리에서 무한대까지 렌즈를 움직여 초점을 맞추지 않아도 초점이 맞는 카메라를 말한다. 초보자용의 값싼 카메라가 이것인데 맑은 날 실외에서라면 별다른 기술 없이도 잘 찍힌다.

**과(過)초점거리**　후방 피사계심도가 무한대까지일 때의 초점거리를 말한다. 이 경우 전방 피사계심도는 촬영 거리의 1/2이 된다. 50mm렌즈라면 F8일 때 과초점거리는 10m, 전방 심도는 5m가 된다. 즉 5m에서 무한대까지 전체에 초점이 맞는다.

**관용도**(寬容度)　☞ 래티튜드.

**광망**(光芒)　가로등 따위를 찍으면 방사선 모양으로 빛의 꼬리가 생기는 일이 있는데 이를 말한다. 이것은 빛이 조리개의 날개를 통과할 때 바깥쪽으로 꺾이는 회절(回折)이라는 현상에 의해 생기는데 조리개의 날개 수가 짝수이면 날개와 같은 개수의, 홀수이면 그 2배 수의 광망이 생긴다.

**구경비**(口徑比)　렌즈의 유효 구경을 초점거리로 나눈 값. 즉, F넘버의 역수(逆數). 1:1.4처럼 표기한다.

**구면수차**(球面收差)　렌즈의 중심을 통과한 빛과 주변부를 통과한 빛이 한 점에 모이지 않고 모이는 위치가 달라 초점을 이루지 못하는 현상을 말한다. 대구경 렌즈에서 일어나기 쉬운데 「헤일로(halo)」를 발생시켜 「선예도」를 떨어뜨린다. 그러나 조리개를 조이면 이런 현상은 곧 사라진다.

**그러데이션**(gradation)　계조(階調). 네거티브나 인화된 상의 밝은 부분과 어두운 부분의 농도의 단계를 말한다. 농도의 폭이 넓어 그 중간 단계까지 잘 정리된 것을 그러데이션이 풍부하다고 하는데, 그렇지 못한 것은 경조(硬調)의 화면이 되어 중간색이 표현되지 않는다.

**네거티브**(negative, 음화 필름)  피사체의 명암과 좌우 방향이 실물의 상태와 반대로 보이는 것을 말하며 이런 이미지를 만드는 필름을 네거티브 필름이라고 한다. 이를 인화지에 대고 현상하면 양화(포지티브)가 된다.

**노광**(exposure)  필름이나 인화지 등 감광 재료에 빛을 주는 노출을 한다. 카메라의 경우 셔터나 조리개에 의해 적절한 노광을 주어 필름면에 상이 맺게 되는데 이를 「노출」이라 하고 인화 프린트나 네거티브 필름에서 포지티브로 반전할 때 빛을 주는 암실 작업에 대해서만 「노광」이라 구별하여 부르기도 한다.

**노광간 주밍**(zooming during exposure)  줌 렌즈를 사용한 기법의 하나. 상이 햇살이 퍼지는 것처럼(放射狀) 흐르는 효과를 이용해서 동감(動感)이나 특수 효과를 얻는다.

**노출계**  피사체에 비쳐지는 빛이나 피사체로부터 반사되는 빛의 양을 측정하는 기기.

**노출 보정**(exposure compensation)  역광에서 주제를 밝게 묘사하고자 할 때나 필터·중간 링·벨로우즈 등을 사용할 때의 노출 부족, 또는 촬영 범위의 반사율이 표준에 비해 과부족이 될 때 적정 노출이 되도록 보정하는 것. 카메라의 AE(자동 노출)화에 따라 세밀하게 보정하지 않으면 작화의 의도를 그르치게 된다.

**다중 노출**(multiple exposure)  같은 화면에 2회 이상 셔터를 끊어 상을 겹쳐서 찍는 것. 야경이나 불꽃 촬영, 그리고 트릭 사진 등에 이 기법이 많이 쓰인다.

**단체(單體) 렌즈**  초점거리가 일정하게 정해진 교환 렌즈로, 초
점거리가 바뀌는 줌 렌즈와 구별해서 쓰는 말. 또 카메라 몸체
에서 분리할 수 있는 교환 렌즈의 경우에만 쓴다.

**데이라이트 싱크로**(daylight synchro)  그늘이나 역광으로 인
해 생긴 인물의 그림자를 없애기 위해 보조광으로서, 플래시를
사용하면 깨끗한 사진이 된다.

**데이라이트 타입**(daylight type)  주광용 컬러 필름 중의 하
나. 일반적으로 사용하는 필름으로 맑은 날 태양광과 청공광
(靑空光)의 색온도 5500°~6000°K에 맞춘 것.

**동조**(synchro)  카메라 셔터가 열리는 동시에 플래시가 터질
수 있도록 작동하게 한 것.

**디스토션**(distortion)  직선이 직선으로 찍히지 않고 곡선처럼
휘어진 형태로 찍히는 현상. 즉 사각형의 피사체를 찍어도 항
아리 모양이나 실 패 모양으로 왜곡되는 현상으로 「디포메이
션」과 혼동하기 쉬운데 구별해야 한다.

**DX코드**(DX code)  35mm 필름의 패트로네에 부착되어 필름
감도, 촬영 매수, 노광역(露光域) 등을 12접점으로 알려 줄 수
있게 된 필름. 카메라의 기종에 따라서는 이들 정보가 카메라
측에 자동적으로 세트되어 일일이 감도를 맞추지 않아도 되는
편리한 것들이 있다.

**디테일**(detail)  세부(細部), 상세하다는 뜻인데 사진에서는 톤
의 재현성이 섬세하다는 뜻으로 쓰인다.

**디포메이션**(deformation)  광각 렌즈로 건물을 찍었을 때 위쪽
일수록 좁아진다거나 건물이 기울어진 것처럼 찍히는 현상.

**래티튜드**(latitude)  노출 관용도. 감광 재료가 적정 노출보다

다소 과부족이 되어도 거의 적정 노출에 가까워지도록 허용하는 범위를 말한다. 일반적으로 흑백필름은 래티튜드가 넓고 네거티브 컬러필름도 약간 넓지만 컬러 리버설필름이나 인화지는 허용 범위가 아주 좁다.

**렌즈셔터**　포컬 플레인 셔터와 달리 렌즈부에 있는 셔터로서 2~5장의 얇은 금속판으로 되어 있다.

**렘브란트 라이팅**(Rembrandt lighting)　네덜란드의 화가 렘브란트가 즐겨 사용해서 이 이름이 붙었다. 인물에 대해서 사선 방향의 뒤쪽 45° 부근의 반역광으로 그늘을 짙게 하여 입체감을 내는 데 알맞다.

**로우 앵글**(low angle)　낮은 위치에서 위쪽을 올려보고 찍는 카메라의 앵글. 이를테면 지면에서 건물의 위쪽을 향하여 카메라 앵글을 맞춘 경우 등으로, 입체감이 있고 박진감을 느끼게 한다.

**로우 키**(low key)　화면 전체에 어두운 톤이 많아 중후한 분위기를 준다.

**릴리스**　카메라 흔들림을 방지하고 핀트가 맞는 사진 촬영을 위해 셔터버튼을 누를 때 셔터버튼에 손을 대지 않고 사용하는 기구. 삼각대에 카메라를 고정시켜 놓고서 사용한다.

**망원 렌즈**　초점거리를 길게 함으로써 멀리 있는 물체를 크게 찍을수 있는 렌즈. 초점거리가 길어질수록 촬영 각도가 좁아지고 찍히는 대상 사이와 거리가 좁혀져서 찍힌다.

**매크로 렌즈**(macro lens)　접사용 렌즈의 하나. '마이크로 렌즈'라고도 한다. 1/2~등배(실물 크기)까지 촬영이 된다. 표준 렌즈에서 200mm급까지 여러 종류가 있다. 리버스 링을 사용해서 벨로스에 세트하면 확대 촬영도 가능하다.

**매크로 줌 렌즈**(macro zoom lens) 줌 렌즈에 매크로 기구를 장착한 렌즈. 보통의 줌 렌즈에 비해 접사까지 할 수 있어 편리하다.

**멀티 코팅**(multi coating) 다층막 코팅. 렌즈 표면에 불화마그네슘과 같은 굴절률이 낮은 물질을 빛의 파장의 1/4이라는, 극히 얇은 막이 되도록 바르면 렌즈 표면의 반사율을 절반 이하로 감소시켜 렌즈를 통과하는 빛을 그만큼 증가시킬 수 있다. 이를 코팅이라 하는데 이 같은 막을 몇 층 겹쳐 나가 반사율을 거의 0에 가깝게 감소시킨 것이 멀티 코팅이다.

**모노크롬**(monochrome, black & white) 흑백 필름.

**모터 드라이브**(motor drive) 모터(전동기)에 의한 필름감기 기구. 1매씩의 촬영은 물론 5매/초라는 빠른 속도(기종에 따라 속도가 다름)의 연속 촬영이 가능하다.

**몽타주**(montage) 프랑스어로 조립한다는 뜻. 사진에서는 따로 찍힌 몇 장의 사진 또는 영상을 합성해서 1장의 작품으로 만드는 작업을 말한다. 범죄 수사에 사용되는 몽타주 사진은 목격자의 이미지에 의하여 범인의 얼굴 각 부분을 각각의 패턴 부분에서 골라 합성하여 하나의 비슷한 얼굴로 작성하는 것이다.

**무브먼트**(movement) 아직도 일본어인 「아오리」라는 용어를 쓰는 사람들이 있다. 렌즈를 필름 면에 대해 평행 이동시키는 시프트(shifting), 광축을 좌우로 기울이는 스윙(swing), 광축을 상하로 기울이는 틸트(tilting) 등을 활용해서 원근감의 과정에 의해 생기는 변형(deformation)이나 초점이 맞는 피사체면을 보정하는 촬영 기법 또는 촬영 기구를 말한다. 특히 35mm일안 리플렉스용의 시프트 렌즈, 또는 시프트 & 틸트 렌즈 등의 시스템 렌즈도 개발되어 있다.

**밀착 인화** 네거티브 필름을 인화지와 밀착시켜 인화하는 방법으로, 인화된 상의 크기는 네거티브의 상과 똑같다.

**바운스드 라이트**(bounced light) 간접광의 하나. 조명광을 피사체에 직접 비추지 않고 천장이나 벽, 또는 흰 반사갓 등에 비춰 그 반사광으로 피사체를 조명하는 것. 부드러운 반사 광선으로 자연감을 느낄 수 있는 작품을 만드는 데 쓰인다. 컬러 필름에서는 반사시킨 물체(천정이나 벽 등)의 색이 나타나므로 흰 반사갓이 알맞다.

**반사광식** 피사체의 반사광을 측정해서 노출을 정하는 방법. 피사체의 각 부분에서 반사해 오는 빛의 밝기가 다르기 때문에 화면에 주체가 되는 것의 밝기를 기준으로 노출을 결정한다.

**반사 망원 렌즈**(reflex telephoto lens) RF라는 약자로 표기하기도 하고 미러 렌즈(mirror lens)라고도 한다. 오목거울과 볼록거울을 마주 향하게 배치한 반사식 렌즈로, 초망원에 알맞은 타입이다. 빛이 렌즈 안을 왕복하는 구성이므로 렌즈 경통의 길이를 일반 굴절식 렌즈의 절반 이하로 짧게 할 수 있다. 거울을 이용하므로 초망원 최대의 난점인 「색수차」가 없이 선명한 상을 맺는다. 그러나 조리개를 사용할 수 없는 점, 온도의 영향을 받기 쉽다는 점 같은 단점이 있고 흐림 효과가 둥근 고리 모양으로 나타나는 특징이 있다.

**벨로우즈**(bellows) 대형 카메라에서 일본어로 자바라(じゃばら ; 아코디언 형의 주름상자)라 부르는 것인데, 이 말에서 전용되어 일안 리플렉스용, 접사용 또는 확대용 벨로우즈 장치를 말한다. 렌즈 장착부와 본체 장착부, 그리고 중간을 연결하는 벨로우즈가 레일에 의해 구성되어 있다.

**보조광** 주광에 의해 생긴 그림자를 밝게 하여 사진의 콘트라스트를 줄이는 광원이나 조명.

**붉은눈 현상** ☞ 적목(赤目) 현상.

**브라이트 프레임 파인더**(bright frame finder) 파인더 시야 안에 찍는 범위를 표시하는 흰 테두리가 도드라져 보이는 형식의 파인더. 알바다식 파인더, 채광창식 파인더, 3창식 파인더 등 형식에 따라 명칭은 다르지만 기본적으로는 모두 브라이트 프레임 파인더의 범주에 속한다.

**비구면**(非球面)**렌즈**(aspherical lens) 한 면 또는 그 이상의 면이 평면이나 곡면인 렌즈. 렌즈 면에 구면(球面) 이외의 곡면(曲面)을 채용해서 수차(收差) 보정을 보다 양호하게 한다.

**색수차**(色收差) 렌즈(광학 재료)는 색깔의 파장에 따라 굴절률이 다르므로 색깔에 따라서 초점이 맞는 위치가 달라지는 것을 말한다. 이 색수차는 조리개를 조여도 없어지지는 않지만 심도가 깊어지므로 어느 정도 감소될 수 있다.

**색온도**(color temperature) 검은 물체에 열을 가하면 암적색에서 오렌지, 황색, 백열(白熱)이 되다가 마침내 푸른 기가 강한 발광으로 변한다. 이와 같은 광원의 광질(光質)을 절대온도의 단위로 표시한 것을 말한다. 켈빈도 또는 °K로도 나타낸다. 촛불과 같이 붉은 기가 도는 광원의 색온도는 낮고 맑은 날 푸른 하늘의 색온도는 높다.

자연광의 경우, 색온도는 날씨나 촬영 시간에 따라 변한다. 맑은 날에 찍은 사진에서 나타나는 색을 정상적인 색이라 하면 비 온 날이나 흐린 날에는 연한 청색이 나타나는 사진이 된다. 시간적으로는, 점심 무렵에 찍었을 때 나타나는 색을 정상적인 색이라 하면 아침이나 저녁에 찍은 사진에 붉은 색이 많아진다. 인공광의 경우는 광원이나 전압 등에 따라 변한다. 이를 보정하기 위해서는 색온도 변환 필터를 사용한다.

**색온도 변환 필터** 날씨나 촬영 시간이 지남에 색온도가 달라지는데 아침저녁 등 색온도가 낮을 때 올려 주고 흐린 날 등의 색온도가 높을 때 낮추어 보정해 주는 역할을 한다.

**섀도우**(shadow) 암부(暗部). 하이라이트(明部)에 대해 어두워진 부분을 말하는데 노출에서는 이 섀도우부를 어디까지 묘사하느냐에 따라서 작화 의도가 달라진다. 즉, 섀도우가 묘사된다는 것은 하이라이트가 노출 과다가 되어버려 색조를 잃게 되고, 섀도우를 그대로 둔 채 하이라이트부에 대해서 노광하면 섀도우는 검은색 한 가지로 되어 버린다.

**색 재현성**(色再現性) 흔히 컬러 밸런스(color balance)라고 하는데, 컬러 촬영에서는 육안으로 본 대로 재현되는 것이 이상적이지만 렌즈에 따라서는 푸른 기가 끼거나 노란 기가 끼거나 한다. 육안에 가깝게 색 재현을 하는 렌즈를 컬러 밸런스가 좋은 렌즈라고 한다.

**선예도**(sharpness) 테스트 차트처럼 흑백의 경계가 뚜렷한 것을 찍으면 그 경계 부분은 수차나 회절(回折)의 영향으로 상이 번져서 농도에 경사가 생긴다. 이 경사의 정도를 선예도, 또는 샤프니스라고 하는데 경사가 급한 것일수록 선예도가 높고 선명하며 경사가 낮을수록 선예도가 낮고 불명료한 묘사를 한다. 흑백뿐만 아니라 컬러에서도 같은데 이는 렌즈의 해상력과 필름의 해상력, 카메라 떨림, 조리개의 조임과 적정 노출, 적정 현상, 그리고 색채나 밝기의 콘트라스트 등의 여러 요소가 샤프니스 선예도를 좌우한다.

**셔터 우선식** 셔터 속도를 먼저 결정하면 적정 노출에 알맞은 조리개값이 자동으로 결정된다.

**소프트포커스 렌즈**(soft focus lens)  연초점(軟焦點)렌즈, 또는 약자로 SF렌즈라고도 한다. 구면수차나 색수차를 일부러 남겨 상의 주위에 헤일로(halo)를 생기게 하여 부드러운 묘사를 하도록 만든 렌즈. 주로 포트레이트용으로 쓰인다.

**스냅 사진**(snap shot)  순간적인 동작이나 표정을 재빠른 수법으로 찍는 일 또는 그 사진. 원래는 순발력 있는 사격 동작이라는 사냥 용어였던 것이 널리 전용되어 일상 기록의 순간적인 움직임을 자연스럽게 잡은 사진을 말한다.

**스카이라이트 필터**(skylight filter)  흐린 날이나 갠 날 모두 사용하는 필터로 렌즈의 보호 역할을 하며 자외선이나 단파장의 청록광의 일부도 흡수하는 편리한 필터다. 무색 투명하므로 노출을 보정해 줄 필요는 없고 렌즈 보호용으로 사용하기도 한다.

**스트로보**(strobo)  스피드 라이트(speed light), 또는 일렉트로닉 플래시(electronic flash)가 정식 이름이고 스트로보라는 것은 미국 제조회사 상품의 이름이었는데 널리 쓰임에 따라 마치 정식 이름인 것처럼 굳어져 버린 것이다. 스트로보는 수만 분의 1초~수백만 분의 1초라는 극히 짧은 섬광이 카메라 셔터의 여닫음과 동조해서 발광한다. 섬광의 색온도는 주간광(낮의 태양광)에 가깝기 때문에 컬러필름의 데이라이트용을 그대로 쓸 수 있다.

**스프라켓**  카메라 내에서, 필름을 감을 수 있도록 필름 양쪽 가에 뚫어져 있는 구멍(퍼포레이션)에 맞물리도록 되어 있는 톱니바퀴.

**시차**(視差, parallex)  파인더와 필름에 빛을 통과시키는 렌즈

가 따로 되어 있을 때, 바라보는 영상과 찍히는 영상과는 약간
의 차이가 있는데 이를 말한다.

**실루엣**(silhouette) 18세기 긴축 재정 정책을 펴서 이름을 날
린 프랑스의 재무부 장관의 이름에서 유래한 말인데, 당시 그
가 취미로 초상화에 검은 종이를 오려 붙여 윤곽을 나타낸 옆
모습의 초상화를 만들기 시작하여 전 유럽에 유행한 그림에 이
이름이 붙여졌었다. 사진에서는 주제물은 그림자처럼 검은 윤
곽만 표현되고 배경은 밝게 표현되는 것을 말하며, 아름다운
영상이 만들어진다.

**싱크로 촬영**(flash synchronization) 싱크로 플래시라고도 한
다. 셔터와 스트로보나 플래시 벌브 등이 동조해서 촬영하는
것을 말한다.

**아이 레벨**(eye level) 눈 높이의 위치. 촬영자가 선 상태에서
카메라를 홀딩하여 투시 파인더나 일안 리플렉스처럼 눈의 위
치에서 피사체를 보는 카메라 앵글.

**아웃 오브 포커스**(out of focus) 초점이 맞지 않는 상태, 특히
주제에 초점이 맞지 않는 경우를 말한다. 일부러 초점을 흐리
게 하여 이미지를 표현하는 방법으로도 쓰이지만 일반적으로
는 기술적인 미스라고 생각된다.

**액센트 라이트**(accent light) 효과광(effect light)이라고도
한다. 피사체의 일부를 강조할 때 사용하는 라이팅. 주로 스포
트 라이트가 많이 쓰인다.

**어안 렌즈** 180°의 화각으로 촬영되는 렌즈이다. 전체의 화상을
중심부에서 똑바로, 중심에서 떨어질수록 휘어져 완전히 둥근
화면이 구성된다.

**ASA** 필름 감도를 표시하는 기호. American Standards Association의 약자로, 미국 표준협회(표준 규격)의 뜻이다. 특히 ASA필름 감광도 표시 계수는 세계적인 표준 규격으로 통용된다.

**AE**(automatic exposure) 자동 노출 기능을 말한다. 콤팩트 카메라 등은 셔터 속도와 조리개값을 표시하지 않고 미리 정해진 셔터 속도와 조리개값이 되도록 프로그래밍 구조를 지닌 것이 많은데 이를 프로그램AE라 부른다. 일안 리플렉스에는 프로그램AE는 물론이고 셔터 속도 우선AE, 조리개 우선AE 등이 있다.

**AE 락**(auto exposure lock) 자동 노출 잠금 장치. 자동 노출 기구는 편리한 대신 파인더 안에 들어오는 광량이 변할 때마다 노출량이 자동적으로 바뀌기 때문에 개성적 표현에 불편한 면이 있으므로 촬영자가 어떤 일정한 노출량을 그대로 유지할 수 있도록 잠금 장치가 필요하게 되어 그 기억 장치를 카메라에 내장한 것이다.

**AF 카메라**(auto focus camera) 자동 초점 카메라.

**F넘버** 렌즈의 밝기를 나타내는 수치. F값(조리개값)이라고도 한다. 초점거리를 유효 구경으로 나눈 수치가 F넘버인데 1, 1.4, 2, 2.8, 4처럼 1을 기준해서 $\sqrt{2}$배씩 증감하도록 눈금이 그어져 있다. F넘버가 클수록 상은 어두워지는데 1단의 차이에 따라 밝기는 2배 또는 1/2이 된다.

**FP·M·X접점** FP접점은 포컬플레인 셔터처럼 섬광 시간이 긴 FP사진 전구. M접점은 렌즈셔터용인 M형(medium-peak-type)전구. X접점은 스트로보용으로 완전히 동조하게 되었다는 표시.

**LED**(light-emitting diode) 발광 다이오드. 반도체에 전압을

가하면 적색광으로 발광한다. 최근에는 적색 이외에 녹색 등도 있다. 시간 경과에 따른 변화가 거의 없고 발열도 없는 특색이 있다.

**역광**(back light, shadow light)  피사체의 등뒤에 광원(해, 조명등 따위)이 있어서 카메라 쪽으로 주광선이 비치는 경우를 말한다. 잘못하면 렌즈로 직접 빛이 들어와 사진을 흐리게 만들거나 얼룩지게 하기 쉬우므로 카메라 앵글을 주의해야 한다. 반역광이란 측면광(side light)이라고도 하며, 비스듬하게 비치는 45도 정도의 역광을 가리킨다.

**엮음사진**(story photography)  2매 이상의 사진으로 하나의 테마를 표현하는 방법. 단독 사진으로 표현하기보다 내용을 전달하기 쉽다. 기승전결(起承轉結)을 확실하게 표현할 수 있으므로 시간적 경과를 따라가는 것이 화면만들기가 쉽다.

**오토 스트로보**(automatic speed light)  자동 조광 스트로보라고도 한다. 정해진 조리개값에 카메라 쪽을 세트해 놓기만 하면 거리에 따라서 적정한 노광량이 되도록 스트로보광을 제어하는 형식의 스트로보이다.

**오토 와인더**(automatic film winder)  전동 모터를 사용한 필름 자동 감기 기구. 1초당 1~4매의 연속 촬영이 가능하게 하는 것으로 카메라와는 별개의 액세서리로 장착하게 된 것과 카메라에 내장하여 컨티뉴어스(C=연속), 싱글(S=1매) 촬영으로 구분 사용하는 것이 있다.

**오픈 플래시**(open flash)  셔터를 B(벨브), T(타임) 또는 저속 셔터에 세트하고 그 작동 중에 플래시하는 방법이다.

**원근감**(perspective)  가까이 있는 것은 크게 멀리 있는 것은 작게 보이는데 이처럼 가까운 것과 먼 것을 비교해 보았을 때의 상태를 원근감 또는 퍼스펙티브라고 한다. 광각 렌즈로 피사체에 접근해서 찍으면 원근감은 과장되고 망원렌즈로 떨어져서 찍으면 원근감은 압축된다. 원근감은 교환 렌즈를 활용하는 데 있어서 가장 중요한 사항이다.

**UV**(ultra violet)**필터**  스카이라이트 필터와 같이 자외선을 흡수함으로써 선명한 묘사에 사용되며, 무색 투명하기 때문에 렌즈 보호용으로 많이 쓰인다.

**ED렌즈**  일반 광학유리에 비해 분산(分散) 상태가 이상적인 유리로 만든 렌즈. UD렌즈 등도 메이커는 다르지만 같은 이점을 가진 것이다. 색수차의 보정이 양호하고 광학 성능이 대폭 개선된 렌즈인데 값이 비싸다는 난점이 있다.

**이미지 서클**(image circle)  렌즈가 선명한 상을 맺는 범위를 말하는데 조리개값에 따라서 그 범위가 달라지므로 조리개값과 mm수가 나란히 기록되어 있는 것이 보통이다.

**EV**(exposure value)  노출은 조리개와 셔터와의 상관 관계로 결정되며 이 두 값을 상호 조정함으로써 동일한 노출을 얻을 수 있다. 이 노출량을 일정한 수치로 나타낸 것이 EV이다. 조리개값 F1, 노출 시간 1초를 EV0이라 하는데, EV가 1, 2, 3으로 증가해 감에 따라 밝기도 2배씩 증가된다.

**이안 반사식 카메라**  빛을 필름에 도달케 하는 렌즈와 촬영자가 볼 수 있는 렌즈로 되어 있는 카메라.

**일안 반사식 카메라**  카메라 렌즈를 통해 들어온 빛은 반사거울에 의해 눈에 도달하고, 촬영시에는 반사거울이 위로 들어올려져 필름에 빛이 도달하게 되어 있는 카메라.

**이지 로딩**(easy loading)  EL방식, 간이 장전 기구, QL기구 등 여러 가지 이름으로 쓰이는데 카메라에 필름을 장전할 때 필름 끝을 릴의 홈에 끼우거나 고무 롤러 위에 얹어놓기만 하면 다음은 자동적으로 필름이 감긴다.

**입사광식** 피사체에 닿는 빛의 세기를 직접 측정하는 방법으로 피사체의 반사 정도나 색채 등에 관계없이 평균적인 밝기를 구하는 데 적당하다.

**자동 노출**(automatic exposure) 적정 노출이 되도록 조리개와 셔터 속도가 자동으로 결정되는 것.

**자동 초점 렌즈**(autofocus lens) 약자로 AF렌즈라고도 한다. 렌즈를 피사체에 향하기만 하면 자동적으로 초점이 맞는 편리한 렌즈이다. 거리계 방식, 적외선 방식, 초음파 방식 등 메이커에 따라 여러 가지 방식이 있다.

**잠상** 필름이 빛에 노출되어 감광 유제층의 할로겐화은이 변화됨으로써 생긴 상으로서 눈으로 볼 수 없는 상태.

**적목**(赤目)**현상** 컬러 사진에서 인물을 찍었을 때 인물의 눈이 토끼눈처럼 붉게 찍히는 현상을 말한다. 초소형 카메라처럼 렌즈의 광축과 내장 플래시의 위치가 너무 가까울 경우 일어나는 현상인데, 사람의 눈이 야간이나 실내에서 동공이 열려 있을 때 망막의 모세혈관까지가 붉게 찍히는 것이다. 이 현상을 방지하려면 렌즈의 광축에서부터 플래시를 가급적 떨어뜨려 발광시켜야 한다.

**적외**(赤外)**필름**(infrared film) 적외선에 감응하도록 만들어진 흑백필름. 원경의 묘사, 신록의 묘사 등에 효과적인데 촬영시 R필터의 사용과 거리계 눈금을 적외지표에 옮길 필요가 있다.

**접사**(接寫, close up) 피사체에 근접해서 촬영하는 것. 카메라의 최단 촬영거리로 찍는 것도 접사라고 하지만 접사용 클로즈업렌즈, 중간 링, 매크로 렌즈 등을 사용한 촬영을 말한다. 클로즈업의 일종이다.

**주광용 컬러 필름** ☞ 데이라이트 타입.

**중간 링**(extension tube) 주로 일안 리플렉스용의 접사용 링. 카메라 본체와 촬영 렌즈의 중간에 장착하여 렌즈의 조출량을 많게 한다. 고정된 길이의 것을 3종류 짜맞춘 것이 중심이지만 그 중에는 헬리코이드에 의해 중간 링의 두께를 바꿀 수 있는 것도 있다. 물론 자동 조리개나 렌즈 쪽의 정보를 본체에 연결하도록 시스템화된 전용 중간 링이 바람직하다.

**줌 렌즈** 초점거리를 변환시킬 수 있는 렌즈. 하나의 렌즈로 5-6개 렌즈 효과를 낼 수 있어 편리하다.

**줌비**(Zoom 比 · zooming ratio) 줌 렌즈의 최단 초점거리에 대한 최장 초점거리의 비(比)를 말한다. 예를 들어 줌 80~200mm렌즈의 줌비는 200÷80=2.5배이다.

**조리개 우선식** 조리개를 먼저 선택하면 적정 노출에 알맞은 셔터 속도가 자동으로 결정된다.

**조석용**(朝夕用) **필터**(morning filter) 담청색의 컬러용 필터. 아침, 저녁은 파장이 긴 빛이 많아 붉게 보이므로 이 필터로 색채 밸런스를 보정하여 정상적으로 보이도록 한다.

**증감현상법** 증감법이란 노출 부족의 필름을, 현상 온도를 올리거나 현상 시간을 길게 함으로써 네거에 생기는 화상의 농도를 조절하는 방법이다. 예를 들면, 촬영 조건에 의해 필름 고유 감도만으로는 충분한 노출이 안 될 때 필름 감도를 올려서 촬영한다. 즉, ASA200필름에서 조리개 F2, 1/15초가 적정 노출이라 할 때 감도를 ASA800에 맞춰 계산하면 조리개 F2에 셔터는 1/60초가 된다. 이를 표준 현상 처리하면 2단계 노출 부족이 되나 증감현상제를 이용하거나 현상 시간을 연장하면 적정 노출의 네거를 얻을 수 있다.

**착란원**(circle of confusion)  한 점에서 나온 빛은 렌즈를 통과한 다음 한 점에 모이게 마련인데 수차나 회절(回折)에 의해 한 점으로 상을 맺지 않고 어느 크기의 흐려진 원으로 결상한다. 이 원을 착란원(錯亂圓)이라고 한다. 상면을 앞뒤로 이동시킴에 따라 착란원의 지름이 커지거나 작아진다. 최소로 되었을 때를 최소 착란원이라고 하는데 초점이 가장 선명해지는 점이다. 이 점이 앞과 뒤에 심도의 한계가 되는 점이 있어 이를 허용 착란원이라고 한다. 35mm카메라용 렌즈로는 이 허용 착란원의 지름을 0.033mm로 정하고 있다.

**초점거리**  렌즈 초점을 무한대에 맞췄을 때 렌즈 중심에서부터 필름면까지의 거리. 보통 촬영 렌즈에는 f=50mm, F1.4 등으로 표시되는데 이 소문자 f로 표시되어 있는 것이 초점거리이다. 같은 거리에 있는 피사체라도 초점거리가 길수록 화각은 좁아지고 피사체는 크게 찍는다.

**초점 이동**(shifting of focus)  초점을 맞출 때는 렌즈의 조리개를 열어서 맞추고 촬영할 때 조리개를 좁히는 것이 원칙인데 구면 수차의 보정 등의 이유로 개방 때의 초점 위치와 조리개를 조였을 때의 초점 위치가 달라지는 것을 초점 이동이 있는 렌즈라고 한다.

**촬영 배율**(image magnification)  피사체의 크기에 대한 촬영된 상의 크기의 비율을 말한다. 피사체와 촬영된 상의 크기가 같은 경우, 즉 등배(等倍)인 경우의 촬영 배율은 1이고 이보다 피사체가 멀리 있을수록 촬영 배율은 작아지고 가까울수록 촬영 배율은 커진다.

**카메라 아이**(camera eye)  포토 아이(photo eye)라고도 하는데 육안과 다른 렌즈의 묘사나 필름의 효과적 표현을 말한다. 카메라 아이를 이해함으로써 의도하는 표현도 뜻대로 할 수 있다.

**카메라 앵글**(camera angle)  피사체에 대한 카메라의 각도. 주제에 대해 높은 위치에서의 촬영을 하이 앵글, 밑에서 위를 올려다보는 촬영을 로우 앵글이라 한다.

**캐치 라이트**(catch light)  인물 촬영에서 피사체인 인물의 눈에 라이트를 찍어 넣어 표정을 생생하게 살리는 라이트를 말한다. 주간 싱크로, 소형 반사판, 소형 스포트라이트 등이 캐치 라이트에 효과적인 기구들이다.

**클로즈업**(close up)  ☞ 접사.

**클로즈업 렌즈**  접사용구 중 가장 쓰기 손쉬운 것이 이 클로즈업 렌즈로서 필터를 장착하듯이 렌즈 앞부분에 부착함으로써 30∼50cm까지 근접 촬영을 할 수 있다.

**키 라이트**(key light)  작화상에서의 포인트가 되는 빛. 촬영자가 어떻게 표현하느냐에 따라서 메인 라이트로 되는 경우도 있고 액센트 라이트나 역광의 표현이 될 때도 있다.

**텅스텐 타입**(tungsten type)  컬러 필름 중 광원이 전등광의 경우에 알맞은 필름. 태양광에서는 청색으로만 찍히므로 달빛에서의 모의 야경(模擬夜景)에 이용된다. 또 색온도 변환필터(LB필터)를 사용하면 주간 촬영도 가능하며 특히 자외선은 필터로 제거되므로 산악 사진 등에 애용하기도 한다. 컬러 리버설필름의 일부가 이 타입이며 컬러 네거티브는 현재 거의 데이라이트 타입으로 되어 있다.

**트리밍**(trimming) 촬영한 네거티브의 일부를 부분적으로 확대해서 필요한 부분만 프린트할 때 쓰는 말이다. 이 작업을 미국에서는 클리핑(clipping)이라 하고 트리밍은 커팅(cutting)이라고 하여, 구분해서 쓰고 있으나 우리는 커팅까지를 트리밍이라고 한다.

**패럴렉스**(parallex) ☞ 시차(視差).

**패닝**(panning) 움직이는 피사체를 찍을 경우 피사체가 움직이는 방향으로 피사체와 같은 속도로 카메라를 휘두르듯이 셔터를 끊으면 배경은 흐르는 것처럼 흐려지고 주제만 정지되어 보이므로 유동감(流動感)이 강조된다.

**패트로네** 필름이 감겨져 있는 통.

**퍼스펙티브**(perspective) 평면적인 화면을 촬영 포인트를 바꿈으로 해서 원근감이 느껴지는 것을 말한다. 넓은 시야를 그대로 촬영하는 것만으로는 약한 표현이 되는데 이것을 커버하는 것으로 촬영의 주목표에 가까이 하여 촬영함으로써 원근감이 강조되고 박력도 증대된다.

**퍼포레이션** 필름을 감을 수 있도록 필름의 양쪽 가에 뚫어져 있는 구멍.

**펜타 프리즘**(pentaprism) 5각형의 지붕 모양을 한 프리즘. 프리즘 안에서 3회 반사하기 때문에 상하좌우 모두 정립상(正立像)으로 볼 수 있다. 일안 리플렉스의 초점판 위에 놓으면 아이 레벨(eye level)로 피사체를 볼 수 있다.

**편광 필터** 유리의 표면이나 수면 등을 찍을 때처럼 거기에서는 빛을 차단하고, 설정된 방향의 편광 성분만 통과시키려는 경우 등에 사용하는 필터.

**포지티브** 피사체의 명암이 원래의 상태대로 보이는 이미지로서

이런 이미지를 만든 필름을 포지티브 필름이라 한다. 네거티브
필름을 현상하면 포지티브가 된다.

**포컬 플레인 셔터**  필름 바로 앞에 선막과 후막의 2장의 셔터막
(차광막)이 있어 셔터버튼을 눌렀을 때 두 막이 차례대로 필
름 앞을 지나면서 필름에 빛을 통과시킨다.

**표준 렌즈**  화면 대각선 치수와 같은 초점거리를 가진 렌즈로서
사람이 보는 시각과 가장 가깝게 묘사를 할 수 있다.

**프레이밍**(framing)  화면 구성. 촬영시에 카메라 파인더 안에
넣을 화면을 정하여 구성하는 것을 말한다. 표현할 피사체 가
운데에서 어느 부분을 강조하여 화면의 틀(frame) 안에 어떤
구도를 구성하느냐 하는 것이므로 구도와는 다르다. 화면 구성
시에 너무 구도에 얽매이면 생동감 있는 사진을 얻기가 어렵
다. 전체를 설명식으로 많이 넣지 말고 감동적인 부분 묘사의
테크닉을 살려야 한다. 그러므로 좋은 창작 사진은 프레이밍에
좌우된다고 해도 과언이 아니다.

**플래어**(flare)  렌즈 내면에서 두 번 반사한 빛이나 경통 벽면에
서 반사한 빛이 필름면에 닿아서 상이 겹쳐져 화면의 샤프니스
나 콘트라스트를 저하시킨다. 렌즈의 코팅으로 어느 정도 방지
되고는 있지만 렌즈의 구경이 클수록, 또 역광 촬영에서 생기
기 쉬우므로 렌즈 후드를 착용할 필요가 있다.

**피사계 심도**  초점을 맞추었을 때 선명하게 보이는 범위. 즉, 카
메라에서 선명하게 보이는 가장 가까운 곳(앞쪽)에서부터 가
장 먼곳(안쪽)까지의 범위를 말하는데, 어떤 피사체에 초점을
맞춰 그 앞과 뒤가 흐리지 않고 선명하게 촬영되어 그 범위가
넓을 때 '심도가 깊다'고 하며, 그 범위가 좁을 때 '심도가 얕다
'고 한다.

**하이라이트**(highlight) 화상 중의 광휘부, 밝은 부분을 말한다. 특히 밝은 부분은 하이이스트 라이트(highest-light)라고 한다.

**하이 앵글**(high angle) 높은 건물 위에서 지상의 피사체를 촬영할 때처럼 위쪽에서 바라보는 각도로 카메라 앵글을 맞추는 것. 피사체는 아래쪽이 좁아진다. 안쪽 깊이를 표현하는 데는 좋은 방법이다.

**하이 키**(high key) 주로 하이라이트부와 하프톤 부분의 밝은 부분으로 구성된 밝은 화면을 말한다. 노출 과다로·색이 날아간 화면과는 달리 작가가 의도하고 있는 밝음의 표현, 환상적인 주장 등에 이용된다.

**해상역**(解像力) 렌즈의 광학 성능을 나타내는 방법의 하나인데 같은 굵기의 흑백 한 쌍의 선이 1mm의 폭 속에 몇 줄까지 해상되는가로 나타낸다. 사물을 필름에 재현시키는 데 얼마나 세밀하고 선예하게 표현할 수 있는가 하는 능력을 뜻하므로 '선예도'와 같은 말로 혼용하고 있지만 단순히 해상력이라고 하더라도 투영(投影) 해상력과 촬영 해상력은 전혀 다르며 같은 촬영 해상력이라도 차트의 종류나 콘트러스트, 필름의 종류나 현상 방법 등에 따라서 아주 달라지므로 단순히 해상력 몇 줄이라는 것만으로는 판단할 수 없다. 또 해상력은 렌즈 성능의 일부를 나타내는 데 지나지 않으므로 해상력만으로 렌즈를 평가할 수는 없다.

**헐레이션** 렌즈를 통과한 빛은 필름의 유제층을 통과해서 필름 베이스까지 도달하나 너무 강한 빛은 반사해서 유(U)턴하여 역으로 유제층을 감광시키는 것을 말한다. 이 헐레이션을 방지하기 위해 유제층과 필름 베이스 사이에 헐레이션 방지층이 있다.

**헤일로**(halo)　플래어의 일종으로 수차(收差) 플래어라고도 하는데 초점이 맞은 광점(光點) 주위에 생긴 달무리와 같은 상이다. 이것은 렌즈의 주변부를 통과하는 빛에 의해 생기므로 개방조리개에서 2스톱 정도 좁히면 없어질 때가 많다.

**화각**(angle of view, view angle)　사각(寫角)이라고도 하는데 렌즈가 찍을 수 있는 시야의 범위. 즉, 화면에 찍히는 범위를 말한다.

**황금분할**(golden section, golden cut)　화면의 짧은 변과 긴 변의 비가 1 : 1.618의 직사각형이 가장 조화가 잘 이루어져 있다고 하는 황금비(黃金比)를 말한다. 회화, 건축, 사진 등에 이용되고 있다.

**회절**(回折 · diffraction)　빛이 조리개의 날개를 통과할 때는 직진하지 않고 조금 꺾인다. 이 현상을 회절이라고 하는데 이 때문에 렌즈의 해상력에는 한계가 있어 이 한계 이상으로 해상력이 높을 수는 없다. 회절의 영향은 빛의 파장과 F넘버에 비례해서 강하게 나타나므로 너무 조이면 오히려 샤프니스가 저하된다. 회절만을 고려한다면 렌즈는 밝을수록 해상력이 향상되지만 또 한편으로는 수차(收差)가 약화되므로 양쪽의 영향이 가장 작은 조리개값을 택했을 때가 가장 선명한 상을 맺는다. 일반 렌즈에서는 F4에서 F11정도까지의 범위이다.

# 찾아보기 이럴 땐 어떻게?

＊카메라가 갑자기 작동하지 않는다. 셔터가 눌러지지 않는다. 노출계가 움직이지 않는다. 왜 그럴까? /13

＊뒷뚜껑을 열었더니 필름이 들어 있다. 필름을 조금이라도 살릴 수 있는 방법은? /14

＊필름이 감겨져 있지 않을 때 필름을 바르게 넣는 방법, 공셔터를 누르는 방법은? /15

＊바른 촬영 자세는? /16

＊적당한 스트랩 길이는? /17

＊카메라 가방의 바른 이용 방법은? /18

＊흐릿하게 나온 사진이나 핀트가 맞지 않는 사진을 보고 거리가 맞지 않음, 손떨림, 피사체 떨림을 구별하는 방법은? /18

＊아무 것도 찍혀 있지 않다. 필름이 감기지 않았나? /18

＊망원 렌즈의 F5.6과 광각 렌즈의 F5.6은 같은가? /24

＊노출계로 측정한 조리개값이 F5.6과 F8의 중간 지점이었을 때 조리개의 숫자 표시는 F5.6과 F8 사이에 없는데 어떻게 해야 하나? /25

＊렌즈에 티끌이나 먼지, 지문이 묻어 있을 때 사진에 미치는 영향은? 그리고 청소 방법은? /41

＊렌즈를 분해 청소했더니 망가졌다. 어떻게 하면 좋은가? /42

＊노출보정 장치의 ＋와 －를 반대로 조작했다. 바른 노출 방법은? /60

＊다분할 측광, 다분할 평가 측광은 어떤 광선의 상태에서도 노출에 실수가 없는가? /66

＊스포트 측광으로 정확한 노출을 얻을 수 있을까? /67

＊하이라이트 측광과 새도우 측광의 사용 방법은? /67

＊필름의 ISO 감도 설정을 틀리게 했다. 촬영 도중에 알았는데 그 후의 처리 방법은? /79

＊꺼칠꺼칠한 사진이 되었다. 왜 그런가? /80

＊오토 포커스 일안 레프 카메라에서 포커스 락(focus lock)하려면? /85

＊필름의 화면과 화면 사이 거리가 떨어지는 이유는? /86

＊사진에 한 줄의 선이 선명하게 들어갔다. 원인은? /86

＊도중에 다중 노출 사진이 되고 그 이후의 화면이 찍히지 않았다. 왜 그런가? /87

＊플래시를 사용했는데 사진에 형광등의 녹색이 끼었다. 왜 그럴까? /104

＊실내에서 플래시를 터뜨려 인물 촬영을 했는데 눈이 붉게 나왔다. 왜 그럴까? /104

＊플래시를 사용했을 때 얼굴이 하얗고 배경은 어둡게 찍히는 것은 왜 그럴까? /105

＊실내 스냅촬영시 플래시를 사용했을 때와 사용 안 했을때 유의해야 할 점은? /105

＊플래시의 발광부에 붙이는 패널(판넬)을 사용했더니 이상한 사진이…… /106

＊바운스 촬영을 했더니 이상한 색이 씌워졌다. 왜 그럴까? /108

＊슬로 싱크로로 촬영했더니 사진에 형광등 색이 끼었고 배경색이 날아가 버렸을 경우에는 어떻게? /108

＊개방에 가까운 조리개로 태양광 아래 플래시를 사용했더니 배경이 날아가 버렸을 때는? /108

＊플래시를 발광했는데 먼 곳의 얼굴(인물)이 어둡게 됐다. 왜

그럴까? /109

＊순광의 야외 촬영 사진 중 인물의 피부색이 하얗게 되어버렸을
때 어떻게 하면 좋은가? /110

＊사진에 뿌연 곳이 있다. 왜 그럴까? /110

＊같은 상황의 플래시 촬영 중 피부색이 다르게 나오는 것은 옷
색깔 때문인가? /111

＊같은 광선의 상황에서 입사광식과 반사광식 노출계는 같은 측
광치가 나올까? /112

＊입사광식과 반사광식 노출계의 바른 측정 방법은? /113

＊필름이 끊어졌다. 어떻게 하면 좋은가? /119

＊마지막 필름을 감을 때 뻑뻑했는데 무리해서 촬영해도 괜찮은
가? /120

＊필름의 결로(結露)는 별로 좋지 않다고 말하는데 어떤 때 일어
나는 것인가? /120

＊필름의 유효 기한이 지났다. 사용할 수 있을까? /121

＊카메라 속에 꽤 오래 전에 찍었던 필름이 들어 있다. 사진은 괜
찮을까? /121

＊카메라를 떨어뜨렸다. 후드에 상처가 났을 뿐이지만 괜찮은가?
/144

＊비에 카메라가 젖어 작동되지 않을 때 어떻게 하면 좋을까?
/145

＊사진에 석양을 넣었더니 다른 화면까지 빨갛게 영향을 받았다.
어떻게 하면 좋을까? /145

＊헐레이션이 생겼다. 어떻게 하면 막을 수 있을까? /145

＊고스트가 찍혔다! 고스트란 어떻게 하면 나오는가? /146

＊색이 뿌옇게 되었다. 왜 그런가? /147

# 카메라 선택

## 35mm AF 일안 리플렉스 카메라

### 아남니콘 F-801s

- 모터 내장 35mm 멀티 모드 AF
- 셔터 속도 : 30~1 / 8000초
- 노출 : 셔터 우선AE, 조리개 우선
  AE, 프로그램AE

### 현대카메라 IS-2000

초점거리 : 35~135mm
전자동 AF 일안 리플렉스 카메라

### 니콘 F4

- 모터 내장 35mm 멀티 모드 AF
- 노출 : 프로그램AE, 셔터 우선AE,
  조리개 우선AE
- 셔터 속도 : 30~1 / 8000초

### 캐논 EOS-IN

- 모터 드라이브 내장 35mm AF
- 노출 : 셔터 우선AE, 조리개 우선
  AE, 인텔리전트 프로그램AE
- 셔터 속도 : 30~1 / 8000초

## 삼성카메라 DYNAX 7xi

- 플래시 내장 AF
- 노출 : 프로그램AE, 조리개 우선AE,
  셔터 우선AE
- 셔터 속도 : 30~1 / 8000초

## 삼성카메라 ZL-4

- 플래시 내장 AF
- 노출 : 멀티 프로그램 AF
- 초점거리 : 38~135mm

## 아남니콘 F50D파노라마

- 모터 드라이브 내장 35mm AF
- 노출 : 셔터 우선AE, 조리개 우선
  AE, 프로그램AE, 이미지 프
  로그램AE
- 셔터 속도 : 30~1 / 2000초
- 플래시 내장

## 아남니콘 F-601

- 모터 드라이브 내장 멀티 모드 AF
- 노출 : 멀티 프로그램AE, 셔터 우선
  AE, 조리개 우선AE, 프로그
  램AE
- 셔터 속도 : 30~1 / 2000초

### 니콘 F70D 파노라마

- 모터 드라이브 내장　35mm AF
- 노출 : 셔터 우선AE, 조리개 우선
  AE, 멀티 프로그램AE, 이미
  지 프로그램AE
- 셔터 속도 : 30~1 / 4000초
- 플래시 내장

### 니콘 F90X

- 모터 드라이브 내장 35mm AF
- 노출 : 셔터 우선AE, 조리개 우선
  AE, 멀티 프로그램AE, 커스
  텀 프로그램AE, 이미지 프로
  그램AE
- 셔터 속도 : 30~1 / 8000초

### 펜탁스 Z-IP

- 모터 드라이브 내장 35mm AF
- 노출 : 셔터 우선AE, 조리개 우선
  AE, 하이퍼 프로그램AE
- 셔터 속도 : 30~1 / 8000초
- 플래시 내장

### 미놀타 α-303 si

- 마이콤 제어 35mm AF
- 노출 : 프로그램AE, 조리개 우선
  AE, 셔터 우선AE
- 셔터 속도 : 30~1 / 2000초
- 플래시 내장

### 올림프스 L-10 파노라마
- 모터, 줌 렌즈, 스트로보 내장 전자동 35mm AF
- 노출 : 프로그램AE, 조리개 우선AE
- 셔터 속도 : 2~1 / 2000초
- 플래시 내장

## 35mm MF 일안 리플렉스 카메라

### 삼성카메라 X-700
- 35mm 멀티 모드 TTL-AE
- 셔터 속도 : 4~1 / 1000초

### 아남니콘카메라 FM2
- 35mm TTL 매뉴얼 노출
- 셔터 속도 : 1~1 / 4000초

## 콘탁스 RX

- 35mm판 모터 드라이브 내장 멀티 모드 TTL-AE
- 셔터 : 4~1 / 4000초
- 노출 : 멀티 모드 TTL-AE

## 리코 XR SOLAR

- 35mm판 TTL 매뉴얼 노출
- 셔터 : 1~1 / 2000초

## 리코 XR-8 SUPER

- 35mm판 TTL 매뉴얼 노출
- 셔터 : 1~1 / 2000초

## 펜탁스 LX

- 조리개 우선 TTL-AE 일안 레프
- 셔터 : 4~1 / 2000초

## 펜탁스 P30T

- 프로그램식 / 조리개 우선식  TTL,
  AE 일안 레프
- 셔터 : 1~1 / 1000초

## 올림푸스 OM-4Ti

- 조리개 우선식 TTL, AE 일안 레프
- 셔터 : 60~1 / 2000초

## 캐논 F-1

- TTL 추침연동 일안 레프
- 셔터 : 8~1 / 2000초

## 콘탁스 RTS Ⅲ

- 모터 드라이브 내장, 멀티 모드
  TTL, AE 일안 레프
- 셔터 : 32~1 / 8000초

## 야시카 108멀티프로그램

- 와인더 내장
- 프로그램삭, 조리개 우선식 TTL, AE
- 셔터 : 16~1 / 2000초

## 콘탁스 167MT

- 와인더 내장 멀티 모드 TTL, AE
- 셔터 : 16~1 / 4000초

## 리코 XR-10M

- 와인더 내장 조리개 우선식 TTL, AE
- 셔터 속도 : 32~1 / 2000초

## 라이카 R-E

- 조리개 우선식 TTL, AE
- 셔터 속도 : 15~1 / 2000초

## 니콘 뉴FM2

- TTL 수동 노출 일안 레프
- 셔터 : 1~1 / 4000초

## 리코 XR 500오토

- 조리개 우선식 TTL, AE
- 셔터 : 1~1 / 1000초
- 50mm 렌즈 부착

## 라이카 R5

- 멀티 모드 TTL, AE
- 셔터 : 15~1 / 2000초

## 롤라이플렉스 3003

- 모터 드라이브 내장, 필름 매거진 교
  환방식, 조리개 우선 TTL, AE
- 셔터 속도 : 16~1 / 2000초

## 니콘 F3

- 35mm 조리개 우선 TTL－AE
- 셔터 속도 : 8~1 / 2000초

# 콤팩트 자동 카메라

### 삼성카메라 AF-ZOOM 800

- 초점거리 : 38~80mm

### 삼성카메라 FX-4

- 초점거리 : 38~140mm
- 촬영거리 : 0.6m~∞

### 삼성카메라 TWIN-MAX

- 2초점 카메라(28 / 48mm)
- 촬영거리 : 0.6m~∞

### 삼성카메라 퍼지줌 1150A

- 초점거리 : 38~115mm
- 촬영거리 : 0.65m~∞

### 아남카메라 AF-600

- 초점거리 : 28mm F3.5
- 촬영거리 : 0.35~3.4m

### 현대카메라 AZ-330 파노라마

- 초점거리 : 38~105mm
- 촬영거리 : 0.8m~∞

### 현대카메라 슈퍼 줌
(Super Zoom) 850 파노라마

- 초점거리 : 35~80mm
- 촬영거리 : 0.6m~∞
- 셔    터 : 1 / 2~1 / 500초

### 펜탁스 ESPIO 120

- 초점거리 : 38~120mm F4-8.8
- 촬영거리 : 0.65m~∞
- 셔    터 : 1 / 5~1 / 400초

### 올림프스 OZ 120줌

- 초점거리 : 35~120mm F4.5-8.7
- 촬영거리 : 0.6m~∞
- 셔    터 : 2~1 / 500초

### 펜탁스 ESPIO mini

- 초점거리 : 32mm F3.5
- 촬영거리 : 0.3m~∞
- 셔    터 : 2~1 / 400초

## 올림프스 OZ 280 파노라마 줌

- 초점거리 : 28~80mm F4.5-7.8
- 촬영거리 : 0.8m~∞
- 셔　터 : 2~1 / 600초

## 올림프스 LT-1

- 초점거리 : 35mm F3.5
- 촬영거리 : 0.35m~∞
- 셔　터 : 1 / 15~1 / 500초

## 캐논 오토보이 D5

- 초점거리 : 32mm F3.5
- 촬영거리 : 0.45m~∞
- 셔　터 : 1 / 60~1 / 250초

## 캐논 오토보이 J

- 초점거리 : 38~85mm F3.8-8
- 촬영거리 : 0.45m~∞
- 셔　터 : 2~1 / 300초

## 캐논 오토보이 LUNA

- 초점거리 : 28~70mm F5.6-7.8
- 촬영거리 : 0.45m~∞
- 셔　터 : 2~1 / 590초

## 코니카 현장감독 28HG

- 초점거리 : 28mm F3.5
- 촬영거리 : 0.4m~∞
- 셔　터 : 1 / 4~1 / 280초

## 코니카 BIG mini NEO-R

- 초점거리 : 35~70mm F3.5-7.4
- 촬영거리 : 0.6m~∞
- 셔　　터 : 4.5~1 / 360초

## 콘탁스 G1

- 초점거리 : 45mm F2
- 셔　　터 : 16~1 / 2000초

## 교세라 LYNX 90

- 초점거리 : 38~90mm F4-9
- 촬영거리 : 0.5m~∞

## 니콘 미니줌 300AF

- 초점거리 : 35~70mm F3.5-6.5
- 촬영거리 : 0.6m~∞
- 셔　　터 : 1 / 3~1 / 350

## 니콘 28Ti

- 초점거리 : 35mm F2.8
- 촬영거리 : 0.4m~∞
- 셔　　터 : 2~1 / 500초

## 니콘 줌 700VR

- 초점거리 : 38~105mm F4-7.8
- 촬영거리 : 0.75m~∞
- 셔　　터 : 1 / 4~1 / 350초

## 라이카 미니줌

- 초점거리 : 35~70mm F4-7.6
- 촬영거리 : 0.6m~∞
- 셔　　터 : 1 / 4~1 / 300초

## 미놀타 파노라마줌 28

- 초점거리 : 28~70mm F3.5-8.4
- 촬영거리 : 0.6m~∞
- 셔　　터 : 1~1 / 800초

## 리코-R1

- 초점거리 : 30mm F3.5
- 촬영거리 : 0.35m~∞
- 셔　　터 : 2~1 / 500초

## 리코 마이포토 슈퍼줌

- 초점거리 : 38~105mm F4.5-8.9
- 촬영거리 : 0.6m~∞

## 후지 줌 카디아 슈퍼

(ZOOM CARDIA SUPER) 115

- 초점거리 : 38~115mm F3.9-8.8
- 촬영거리 : 0.6m~∞
- 셔　　터 : 1 / 3~1 / 400초

## 코닥 MD

- 초점거리 : 34mm F4.5
- 촬영거리 : 1.2m~∞
- 셔　　터 : 1 / 80 · 1 / 140초

## 기타 카메라

### 하프판(18 × 24밀리)카메라

### 교세라 SAMURAI×4.0

- 초점거리 : 25~100mm F3.8−4.8
- 최단촬영거리 : 0.8m
- 셔터속도 : 3~1 / 300초

## 즉석 카메라

## 110판 포켓용 카메라

### 전전후/방수 카메라

### 6 × 4.5판 카메라

### 펜탁스 645

- 6 × 4.5센티판 TTL자동노출
  포컬 플레인 셔터식 일안 레프
- 초점거리 : 75mm F2.8
- 셔터속도 : 15~1 / 1000초

### 니코노스 V

- 초점거리 : 35mm F2.5
- 촬영거리 : 0.8m~∞
- 셔터속도 : 1 / 30~1 / 1000초

# 6 × 6판 카메라

# 6 × 7판 카메라

## 하셀브라이드 503C X

- 6 × 6cm판 렌즈셔터식 일안 레프
- 초점거리 : 80mm F2.8
- 셔터속도 : 1~1 / 500초

## 브로니카 GS-1

- 6 × 7cm판 렌즈셔터식 일안레프
- 초점거리 : 100mm F3.5
- 촬영거리 : 0.75m~∞
- 셔터속도 : 16~1 / 500초

# 6 × 9판 카메라

## 후지 프로페셔날 GW 690 II

- 6 × 9cm판 거리계연동 카메라
- 초점거리 : 90mm F3.5
- 촬영거리 : 1m~∞
- 셔터속도 : 1~1 / 500초

# 대형 카메라

# 카메라 일반상식

1995년 11월 5일 제1판 1쇄 발행
2004년 9월 20일 제1판 8쇄 발행

지은이·윤 정 호
펴낸이·배 태 수
펴낸곳·신라출판사
서울시 동대문구 제기동 1157-3 영진 B/D
전화·922-4735 / 팩스·922-4736
등록·1975년 5월 23일 제6-0216호

* 저자와의 협약에 따라 인지 생략합니다.
* 잘못된 책은 바꾸어드립니다.
  ISBN 89-7244-024-8  03690